동네 교회가 살아난다

Crucial Commitments
: 5 Simple Decisions That Members of Healthy and Growing Churches Make

Originally published in English in the U.S.A. under the title:
Crucial Commitments by Thom S. Rainer
Copyright © 2026 by Thom S. Rainer.

Korean edition © 2026 by Duranno Ministry with permission of Tyndale
House Publishers
through the arrangement of rMaeng2, Seoul, Republic of Korea.
All rights reserved.

동네 교회가 살아난다

지은이 | 톰 레이너
옮긴이 | 송동민
초판 발행 | 2026. 3. 11.
등록번호 | 제1988-000080호
등록된 곳 | 서울특별시 용산구 서빙고로65길 38 두란노빌딩
발행처 | 사단법인 두란노서원
영업부 | 02)2078-3333   FAX | 080-749-3705
출판부 | 02)2078-3330

책값은 뒤표지에 있습니다.
ISBN 978-89-531-5275-5 03230

독자의 의견을 기다립니다.
tpress@duranno.com   www.duranno.com

두란노서원은 바울 사도가 3차 전도여행 때 에베소에서 성령 받은 제자들을 따로 세워 하나님의 말씀으로 양육하
던 장소입니다. 사도행전 19장 8-20절의 정신에 따라 첫째 목회자를 돕는 사역과 평신도를 훈련시키는 사역, 둘째
세계선교(TIM)와 문서선교(단행본·잡지) 사역, 셋째 예수문화 및 경배와 찬양 사역, 그리고 가정·상담 사역 등을
감당하고 있습니다. 1980년 12월 22일에 창립된 두란노서원은 주님 오실 때까지 이 사역들을 계속할 것입니다.

동네 교회가 살아난다

톰 레이너 지음

송동민 옮김

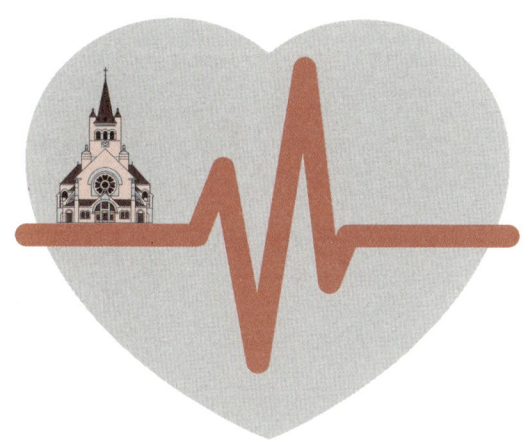

두란노

일러두기

이 책에서 말하는 '지역 교회(local church)'는 관념 속의 가상 교회가 아니라,

특정 지역에 실제로 뿌리를 내리고 존재하는 동네 교회를 뜻한다.

이러한 저자의 의도를 한국적 상황에 맞춰 효과적으로 전달하고자,

본문에서는 '지역 교회'와 '동네 교회'라는 표현을 혼용하여 사용했다.

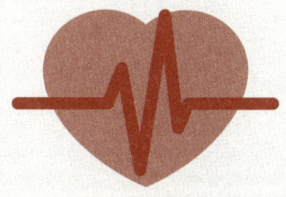

늘 기쁨과 웃음을 선사하는 손녀 하퍼 레이너(Harper Rainer)와

놀랍고도 과분한 사랑과 헌신으로 내게 힘을 주는

아내 넬리 조(Nellie Jo)에게, 이 책을 바친다.

contents

프롤로그

Part 1.

멈춘 교회,
골든타임을 잡아라

Part 2.

다섯 가지 헌신이 있어야
교회가 살아난다

Part 3.

동네 교회를
다시 춤추게 하라

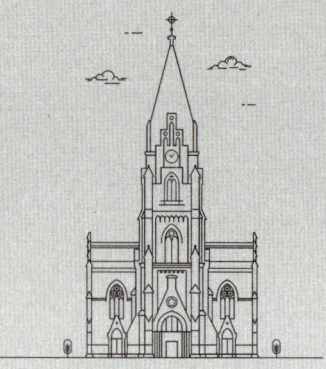

프롤로그

성장이 멈춘 교회에는
헌신이 부재했다

이런 전화는 해 본 적이 없었다. 솔직히 여러 번 수화기를 내려놓고 싶었다.

언제든 떠날 준비를 하는 결혼: 열어 둔 뒷문의 함정

루카스(Lucas)와 에이바(Ava)는 다섯 달 뒤에 결혼할 예정이었다. 당시 나는 플로리다주 세인트피터즈버그에서 목사로 섬기고 있었다. 비록 내가 직접 상담해 주지는 않았지만, 당시 내가 사역하던 교회에서 결혼식을 올리는 모든 커플은 혼전 상담을 받아야 했다. 대개 나는 그 지역에서 교회가 인정하는 상담사 일곱 명의 명단을 주고 그중 한 명을 고르게 했다.

하지만 이번에는 그 명단을 주는 일을 계속 미루고 있었다. 이유는 분명했다. 차마 전화를 걸 용기가 없었기 때문이다.

그것은 이틀 전, 별 용건 없이 내 사무실에 들른 루

카스와 나눈 담소에서 비롯되었다. 그는 거의 모든 주제에 관해 말하기를 즐기는 외향적인 사람이었고, 특히 대학 미식축구에 관심이 많았는데 그것은 마침 내가 무척 좋아하는 스포츠이기도 했다. 어느 새 미식축구 이야기로 사십오 분이 흐른 뒤, 마침내 이야기를 마무리 지어야 했다. 그래서 이렇게 말을 돌렸다. "루카스, 곧 있을 결혼식이 무척 기대되겠군 그래."

그때 그가 이렇게 말했다. 무심코 던진 말이었겠지만, 그 말을 들은 나는 잠시 숨이 멎을 듯했다. "그렇죠. 하지만 일이 잘 안 풀려도 크게 연연하지는 않을 겁니다."

내가 방금 제대로 들은 것일까? 지금 자기의 결혼 생활이 별일 아니라고 이야기하는 것인가? 혼인 서약을 하기도 전에 이혼을 염두에 두는 것인가? 연인인 에이바는 이런 루카스의 생각을 알고 있을까?

나는 그 말이 무슨 뜻인지 물었다. 제대로 들은 것이 맞았다. 루카스에게 결혼은 그저 삶의 한 단계에 불과했다. 그는 자신의 첫 결혼이 마지막이 되리라고 여기지 않았다. 앞으로의 결혼 생활에 대한 온전한 헌신 없이 그 일을 준비하고 있었던 것이다. 나는 그가 사무실을 나서기 전에 그 점을 지적했어야만 했다. 참

부끄러운 일이었다.

나는 그에게 에이바와의 결혼식을 주례하게 되어 기쁘다고 말했다. 하지만 일이 잘 풀리지 않을 경우에 대비한 그의 '비상 계획'을 다루어 보아야 한다는 말도 잊지 않았다. 그러자 루카스는 격분했다.

그는 이렇게 주장했다. "이혼에 대비하는 게 뭐가 문제인가요? 지금 모든 부부들의 절반가량이 실패하고 있는데요." 나는 그 숫자가 과장된 것임을 알고 있었다. 하지만 그 점을 지적한다고 해서 그와의 대화에 별 유익이 없을 것도 분명했다.

그 이야기가 잘 마무리됐다고 말할 수 있었으면 좋겠다. 하지만 그리되지 않았다. 화가 머리끝까지 난 루카스는 욕설을 퍼붓기까지 했다. 그와 에이바 모두 교회를 떠났고, 다른 이의 주례로 어느 아름다운 야외 공간에서 결혼식을 올렸다. 그러나 그들의 결혼 생활은 사 년 만에 끝이 났다. 분명히 말하지만, 당시 내 판단이 옳았다는 사실은 내게 별 만족감을 주지 못했다.

헌신과 연합의 신비

결혼은 하나님이 태초에 세우신 거룩한 제도이다.

창세기 2장 24절은 이렇게 선언한다. "이러므로 남자가 부모를 떠나 그의 아내와 합하여 둘이 한 몸을 이룰지로다." 이 구절에서는 인간의 결혼에 대한 하나님의 거룩한 계획이 강조되는데, 이는 두 사람이 그분의 신실하신 성품을 드러내는 사랑과 연합, 헌신 가운데서 온전한 유대 관계를 이루게 하시려는 데 있었다.

이 혼인 관계에서, 남편과 아내들은 그리스도께서 그분의 교회를 향해 품으신 것과 같은 사랑을 드러내도록 부르심을 받았다. 이에 관해, 바울은 에베소서 5장 25-26절에서 이렇게 언급한다. "남편들이여, 이는 그리스도께서 교회를 사랑하신 것처럼 여러분의 아내를 사랑하는 일을 뜻합니다. 그분은 교회를 순전하고 거룩하게 만들기 위해 자신의 생명을 주셨습니다."(NLT, 역자 번역) 이 사랑과 헌신이 있을 때, 결혼은 단순한 사회적 계약을 넘어서서 우리를 향한 하나님의 돌보심과 구속의 손길을 드러내는 하나의 생생한 상징이 된다.

이와 마찬가지로, 성경에서 그리스도와 그분께 속한 교회의 혼인은 서로의 사랑과 헌신을 온전히 기뻐하며 누리는 일로 묘사된다. 요한계시록 19장 7절에서는 기쁨으로 이렇게 선포하고 있다. "우리가 즐거워

하고 크게 기뻐하며 그에게 영광을 돌리세. 어린 양의
혼인 기약이 이르렀고 그의 아내가 자신을 준비하였
으므로." 여기서 교회는 신랑과의 연합을 위해 사랑으
로 준비된 찬란한 신부로 그려지며, 이 연합의 특징은
그 순결함과 헌신, 영원한 사랑에 있다.

이 인간적인 결혼이나 그리스도와 교회의 영적인
연합 모두에서, 하나님은 참된 언약 관계가 세워지기
를 바라는 그분의 열망을 드러내신다. 우리는 이타적
인 사랑을 품고 서로의 관계에 헌신하며, 삶의 모든
영역에서 하나님의 은혜를 나타내는 일에 참여하도록
부름 받았다.

나 홀로의 신앙에서는 헌신이 필요 없다

여러 해가 지났다. 이번에 나는 제인(Jane)이라는
여성과 대화를 나누고 있었다. 그때 나는 목사로 사역
하지 않고 신학교 학장이라는 직책을 맡고 있었다.

당시 한 컨퍼런스에서 '지역 교회의 중요성과 교회
의 헌신적인 지체로 살아갈 필요성'에 대해 강연하고
있었다. 잠시 쉬는 시간에, 제인이 다가와 대화를 청
했다. 이때 그녀는 내가 지역 교회에 헌신하는 모습을

존중하지만 자신의 생각은 다르다고 했다. 그녀는 이렇게 말했다. "예수님과 저는 둘이서도 아주 잘 지내거든요. 다른 사람들은 필요 없어요." 당시 그녀는 사람들에게 교회 출석을 권하는 일을 일종의 율법주의적인 태도로 받아들였다.

위에서 언급한 두 이야기 사이에는 약간의 차이점이 있다. 루카스의 경우에는 에이바를 향한 지속적인 헌신을 뚜렷이 거부했다. 사실 그는 자신들의 결혼 관계가 꾸준히 유지될 가능성이 희박하다고 여겼기에, 일이 잘못될 경우를 대비한 일종의 면책 조항을 만들어 두려 했다. 그 결혼 생활의 뒷문을 열어 두고 마침내 그곳으로 걸어 나갔던 것이다.

이에 반해, 제인은 자신이 교회에 헌신하고 있음을 믿었다. 다만 그녀가 품은 교회의 정의 가운데는 함께 모여 예배하고 다른 지체들을 섬기는 일이 포함되어 있지 않았다. 그녀에게 교회란 무언가를 배우고 영감을 얻는 개인적인 경험에 가까웠으며, 가급적 그 일이 자기 집 안에서 조용히 이루어지기를 원했다. 안타깝게도 오늘날에는 교회 생활에 대한 이런 이해가 점점 더 흔해져 간다. 이는 곧 아무 데도 가지 않으면서도 자신이 '교회에 다닌다'고 믿는 이들의 태도이다.

하지만 함께 모이지 않는 교회는 진정한 공동체가 아니다. 예수님은 지옥의 권세가 이기지 못할 교회를 세우겠다고 선언하셨으나(마 16:18), 그런 공동체는 그분을 향한 헌신적인 관계를 제대로 드러내지 못한다. 우리는 아무 데도 가지 않으면서 '교회에 다닌다'고 말할 수 없다.

신약에서 교회는 곧 주님과 서로를 향해 헌신을 다짐한 이들의 회중이다. 이 헌신들에 관한 논의는 이 책의 토대를 이루며, 그 속에는 성경의 진리들이 담겨 있다.

그리스도께 속한 교회의 지체로 살아가는 일은 그저 혼자만의 노력으로 되지 않는다. 그 일은 우리의 구주이자 주님이신 그분을 함께 따르는 다른 신자들과의 생명력 있는 연합을 통해 이루어진다.

바람직한 결혼이 그렇듯이, 각 지역 즉 동네 교회의 생존과 번영을 위해서는 지체들의 근본적인 헌신이 꼭 필요하다. 이것은 단순한 원리이지만, 그렇다고 해서 쉽게 받아들이고 넘어갈 수 있는 것도 아니다. 이제 그 헌신의 필요성에 대한 이유들을 자세히 살펴보자.

PART 1

멈춘 교회,

골든타임을
잡아라

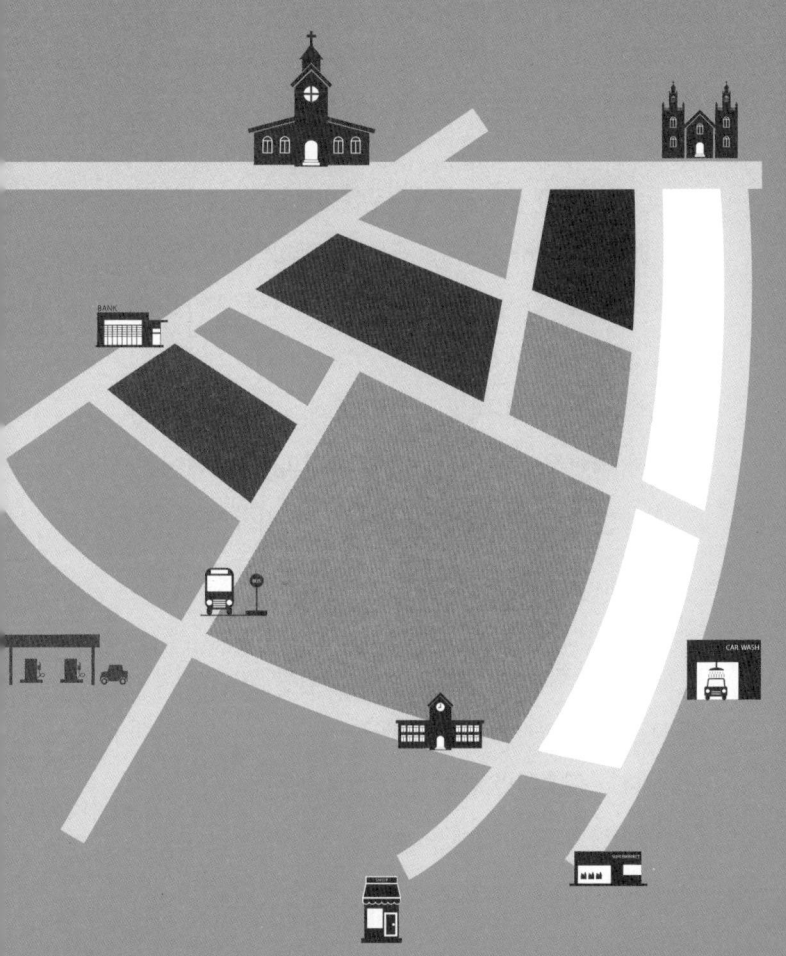

Crucial
Commitments

슬픔 중에 교회의 위로를 경험하다

내 손자 윌(Will)의 죽음은 미처 예상치 못했던 일이 아니었다. 하지만 우리에게는 그 일에 대비할 시간이 그리 많지 않았다.

윌이 태어나기 며칠 전, 아들 제스(Jess)와 결혼한 며느리 레이첼(Rachel)은 임신한 자신의 몸 상태에 무언가 문제가 있음을 알아차렸다. 그 이전까지는 모든 일이 순조롭게 진행되었고, 출산 예정일이 머지않은 상태였다.

이 일로 담당 의사에게 연락을 취한 뒤, 레이첼의 불안은 다소 가라앉았다. 의사는 문제가 그리 심각하지 않다고 여겼지만 한번 진찰해 보기로 했다.

하지만 당시의 문제는 실제로 심각했고 그 결과는 우리의 마음을 찢어놓았다. 윌은 거의 치명적인 것이 분명한 질환을 앓고 있었으며, 의사는 그 아이가 출생 후에 오래 살지 못할 것이라고 내다봤다. 그리고 안타깝게도 그의 진단은 정확했다. 마침내 윌이 태어났을 때, 그 아이는 아들 제스와 레이첼의 품에 안긴 채로 한 시간 만에 세상을 떠났다. 하지만 여러 면에서 이 일은 그 이야기의 시작일 뿐이었다.

제스와 레이첼은 결혼 초기부터 헌신적인 교회의 지체들이었다. 그들은 다른 사람들을 위해 봉사하고 돕는 일을 사랑했다. 그들이 다녔던 모든 교회에서, 두 부부는 남에게 베풀고 섬기기를 좋아하는 이들로 알려져 있었다.

나는 두 사람이 전에 다닌 교회의 담임 목회자 중 한 분과 나눈 대화를 기억한다. 그는 웃으면서 제스 부부에게 새로운 사역에 참여해 달라고 부탁하는 것을 주저하게 되었다고 이야기했다. 이는 그 부부가 그런 부탁에 항상 '네'라고 답했기 때문이라는 것이다.

그는 미소를 지으면서 이렇게 덧붙였다. "하지만 그분들이 어떤 죄책감이나 의무감에서 교회를 섬긴다는 인상은 전혀 받지 못했습니다. 오히려 그분들은 다른 이들과 나누고 섬기는 일에서 기쁨을 누렸지요."

이번에는 그 역할이 바뀌었다. 아이들은 이제 교회 안에서 이루어지는 깊은 섬김과 돌봄의 수혜자가 되었던 것이다. 나는 그리스도의 몸인 교회가 아들과 며느리를 아끼고 돌보는 모습을 경이로운 심정으로 지켜보았다. 놀랍게도 그 교회의 교인들은 제스와 레이첼의 모든 필요를 세세히 살폈으며, 그 섬김은 손자가 세상을 떠난 이후 몇 주 동안 꾸준히 지속되었다. 나는 그리스도의 몸인 교회가 하나 되어 그 지체들의 짐을 서로 나누어 지는 모습을 생생히 볼 수 있었다.

당시 나는 막내아들 제스와 그 아내 레이첼을 생각하면서 깊은 고통을 느꼈으며, 손자를 잃은 슬픔으로 마음이 무너지는 듯했다. 하지만 레이첼이 입원했던 병원(이후에는 그들 부부의 집) 밖으로 나설 때마다, 참으로 따뜻하고 좋은 이들이 그 부부를 돌보아 주고 있음을 기억하면서 놀라운 위로를 경험했다. 교회는 그들을 사랑으로 돌보고 섬겼으며, 나는 지역 즉 동네 교회 안에서 함께 삶의 목적과 의미를 찾아가는 일이 무엇인지를 직접 목격했다. 그리고 하나님이 우리로 고립된 그리스도인이 되게 하지 않으시는 이유를 분명히 깨달았다.

그 교회는 진정으로 성도들을 돌보는 그리스도의 몸이었으며, 우리 구주이신 그분의 손과 발로 쓰임 받고 있었다.

우리가 동네 교회로 돌아가야 할 이유

이 책의 핵심 주제는 이러하다. '우리가 참된 삶의 의미와 목적을 발견하는 최선의 길은 곧 지역 교회에 헌신하는 데 있다.' 그리고 자신이 속한 교회에서 그 목적과 의미를 드러내는 성도들은 회중 안에 실질적인 변화를 가져올 것이다.

이 책을 읽는 여러분이 이 간단한 진술 앞에서 보일 여러 반응을 마음속에 그려 본다.

아마 여러분은 지금 속한 교회에서 놀라운 기쁨과 충족감을 얻었기에 흔쾌히 내 말에 동의할 수도 있다. 이제 여러분은 '무언가 더 좋은 것'을 찾아 헤매지 않으니, 교회에서 이미 그것을 발견했기 때문이다. 여러분은 교회 없이 살아가는 삶을 상상할 수 없으며, 그곳과 무관하게 삶의 의미와 목적을 찾는 일을 아예 생각해 볼 수도 없다.

지금 여러분은 뚜렷한 확신이 없을 수도 있다. 여러분은 어떤 교회에 속해서 어느 정도 꾸준히 예배에 출석하는 중이다. 그런데 교회 안에 좋은 일도 있지만, 그리 좋지 않은 모습들도 보게 된다. 이때 참된 삶의 의미와 목적이 교회 안에서 발견된다는 말은 다소 지나친 주장으로 다가올 수도 있다.

어쩌면 여러분은 교회를 꾸준히 다니다가 지금은 그만두었을 수도 있다. 코로나19 팬데믹 기간을 거치면서, 교회 바깥의 삶이 그럭저럭 가능해 보이거나 심지어 편안하게 여겨졌을 것이다. 그리하여 이런 의심을 품게 되었을지 모른다. "굳이 일요일 아침 일찍 일어나서 교회에 갈 필요가 있을까? 꼭 매주 가야 하는 것인가? 가끔 참석하고 다른 주에는 온라인으로 예배 드리는 게 뭐가 문제지?"

여러분은 아예 교회 출석 자체에 대해 회의적일 수도 있다. 여러분은 지역 교회의 중요성을 잘 납득하지 못한다. 교회 안의 추한 모습을 자주 보았으며, 교회 밖 사람들이 더 나아 보일 때가 많기 때문이다. 어쩌면 지역 교회가 우리 삶의 의미와 중요성을 발견하는 주된 장소가 될 수 있다는 생각이 어리석게 다가올지도 모른다. 여러분은 기껏해야 그곳을 점점 이 세상과 동떨어져 가는 일종의 문화적인 기관으로 여길 것이다. 그리고 그 회중의 일원이 되어야 할지를 의문시할 수 있다.

나는 이런 생각들을 충분히 이해할 수 있다. 그간 사람들의 다양한 반응을 접해 왔기 때문이다. 지금 점점 더 많은 이들이 삶 속에서 교회의 가치를 의심하고 있다.

하지만 하나님이 복음을 온 세상에 전파하기 위해 교회를 최선의 통로로 삼으신 데에는 분명한 이유가 있다. 그분이 우리에게 다른 차선책을 주시지 않은 이유 역시 그러하다.

이제 그 이유들을 함께 살펴보자.

1.

교회가 교회다울 때
일어날 경이로움을
떠올리라

잠시 온 세상의 교회들이 진실로 변화되었다고 상상해 보라. 여러분이 교회 안에 들어섰을 때 있는 그대로 받아들여지고 포용되는 모습을 떠올려 보기 바란다. 여러분이 그 지역 교회를 통해 이 세상을 변화시키며, 그 안에서 참된 삶의 목적이 실현되는 모습을 생각해 보라.

그런 상황이 머릿속에 잘 그려지지 않는다면, 나와 함께 교회를 통해 삶이 진정으로 변화된 사람들의 몇 가지 사례를 살펴보지 않겠는가? 여기서는 우리 삶을 바꾸어 놓는 교회의 능력에 대한 몇몇 이야기를 나누어 보려 한다. 이는 내가 여러 교인들에게 직접 들은 것들이다.

상처받은 이들의 곁을 지키는 교회

웨스트벤드 교회(Westbend Church)는 플로리다주의 여러 해변이나 유역 인근에서 모이는 수천 개의 회중 가운데 하나다. 이 지역의 태양과 모래, 그리고 파도는 매년 수많은 관광객을 끌어들인다. 그리고 플로리다주의 유리한 세금 구조 덕분에 은퇴자들이 계속 유입되고 있으니, 이곳이 얼마나 매력적인지를 쉽게 알 수 있다.

그런데 관광객과 은퇴자들을 끌어들이는 그 아름다운 수역들은 불법 마약 거래의 통로이기도 하다. 지금 펜타닐 매매는 플로리다주 남부에서 가장 빠르게 성장하는 치명적인 불법 산업 중 하나다. 펜타닐은 사람들의 소중한 생명을 앗아 가며, 그 약물의 과다 복용은 의료 체계의 안정성을 위협하고 있다. 펜타닐 밀매는 관광 명소들을 회피 지역으로 바꾸어 놓고 무수한 가정들을 무너뜨린다.

웨스트벤드 교회는 펜타닐 희생자들을 위해 수많은 장례식을 치렀다. 그곳의 교인과 지도자들은 그 속에서 한 가지 안타까운 패턴을 발견했는데, 이는 그 사망자가 종종 어린 자녀를 두고 떠난 젊은 부모였다는 것이다.

이십칠 년간 그곳의 교인으로 지내온 매들린(Madeline)은 그 일을 이렇게 술회했다. "저는 우리 교회에서 그 남겨진 아이들의 형편을 살펴보기 시작한 모임의 일원이었습니다. 우리는 부모 중 어느 한쪽이 펜타닐을 복용하다가 세상을 떠났을 때 아이들의 가정생활이 어떤 모습일지 의문을 품었지요. 그리고 슬프게도 우리의 추측이 옳았습니다. 남은 부모가 그 아이들을 잘 돌볼 수 없는 처지에 있는 경우가 많았거든요."

당시 도움이 필요한 아이들은 많았지만 위탁 가정의 숫자는 적었기에, 그 지역의 아동 복지 시스템이 한계에 직면했다. 이에 웨스트벤드 교회의 일부 교인들이 위탁 아동들을 자기 집으로 데려오기 시작했다. 그리고 모든 아이가 원가족과 재결합할 수 있었던 것은 아니기에, 그 교회에서는 입양도 많이 이루어졌다.

위탁 양육이나 입양 모두 그리 쉬운 일이 아니다. 상당히 버거운 과업일 때가 많다. 그럼에도 웨스트벤드 교회 성도들은 자신들이 그 일에 나서야 한다고 느꼈다. 이것이 바로 예수님의 뜻이라고 여겼기 때문이다.

매들린은 이렇게 말했다. "예수님은 분명히 아이들을 아끼고 사랑하셨습니다. 우리 교회는 혼자보다는 함께 힘을 모을 때 더 많은 일을 해낼 수 있을 거라고 생각했지요. 그래서 우리는 누군가 휴식이 필요할 때 서로 도울 수 있게 위탁 양육 네트워크를 만들었습니다. 또 우리는 아이들과 그 가족, 그리고 위탁 부모인 우리 자신을 위한 기도 사역도 시작하게 되었지요."

웨스트벤드 교회는 그후 십이 년간 위탁 양육 활동의 중심지로 자리 잡아 왔다. 이에 관해, 매들린은 이렇게 언급했다. "이제 우리는 그 사역의 열매들을 경험하고 있습니다. 우리는 사람들의 삶이 변화되며 구원 받는 것을 목격합니다. 지금까지 우리는 펜타닐 문제에 관한 이 지역 사회의 대응에 긍정적인 영향력을 미쳐 왔지요. 이 도시를 축복하려고 이 사역을 시작했지만, 사실 우리가 받은 축복이 훨씬 더 컸습니다."

이처럼 지역 사회를 변화시키는 하나님의 사역에 쓰임 받는 교회의 일원이 되는 일을 생각해 보라. 이를 통해 여러분이 새로운 삶의 목적을 얻는 모습을 그려 보기 바란다. 여러분의 삶에 깊은 의미를 주는 교회의 지체가 되는 일을 한번 상상해 보라.

동네 가정들을 위해 기도하는 교회

디어필드 커뮤니티 교회(Deerfield Community Church)는 약 팔천 명이 거주하는 인디애나주 중부에 있는 한 지역 공동체의 중심부에 위치해 있다. 그곳의 교인이자 고등학교 물리 교사인 대니얼(Daniel)은 그 지역 사회에서 무언가 불안한 조짐을 감지했다. 한부모 가정의 학생들이 점점 더 늘어나고 있었기 때문이다. 담임 한 반에 있는 몇몇 아이들은 부모가 지난 이 년 사이에 이혼한 상태였다. 이런 모습들을 보면서 그는 깊은 걱정에 빠졌다.

이런 대니얼의 관점은 인구학적인 통계 조사를 통해 확증되었다. 당시 그 지역의 이혼율이 증가하면서 가정들이 해체되고 자녀들이 대가를 치렀던 것이다.

대니얼은 이 문제를 상의하려고 교회의 담임 목사인 브라이언(Bryan)과 면담 약속을 잡았다. 그는 구 년간 디어필드 지역 사회와 교회를 섬겨 온 목회자였다. 브라이언은 평소 교인들이 어떤 문제를 가져올 때 그 일의 대안과 해결책을 함께 숙고해 보도록 격려했기에, 대니얼도 문제들의 목록을 열거하는 것만으로는 부족하리라고 여겼다. 그는 단순하면서도 큰 잠재력을 지닌 한 사역을 생각해 냈는데, 이는 그 지역의 가정들을 위해 기도하는 것이었다.

대니얼은 브라이언 목사에게 이렇게 말했다. "저는 지금 재직 중인 학교에서 지난 몇 년간 점점 더 많은 가정들이 어려움을 겪고 이혼의 아픔에 시달리는 모습을 보아 왔습니다. 조사해 보니 지역 사회의 이혼율이 오 년 만에 거의 두 배로 늘었더군요. 지금 이 지역은 깊은 위기에 처해 있습니다."

이어 대니얼은 다음의 네 가지 요소로 이루어진 자신의 사역 계획을 제시했다.

1. *매달 열다섯 명의 교인이 참여하는 기도 사역.* 각 교인들은 한 달간 열 가정을 위한 기도에 헌신한다. 이를 통해, 매년 디어필드에 거주하는 약 천팔백 개 가구 전체가 중보기도 대상이 될 수 있다.
2. *각 가정에 간단한 손편지를 보내기.* 이를 통해 교회가 그들을 위해 기도하고 있음을 알리고, 후속 기도 요청을 위한 연락처도 제공한다.
3. *지역 주민들의 요청에 응답할 전담 기도팀.* 이후

이 사역이 성장함에 따라, 이 팀은 다섯 팀으로 늘어났다.

4. *지역 주민들을 교인들과 연결시켜 주는 일.* 기도 사역을 통해 새로운 누군가가 교회에 찾아오면, 리더들은 그들을 한 교인이나 가정과 짝지어 주어 점심 식사를 나누게 했다. 그리고 많은 방문객들이 그 초대를 받아들였다.

대니얼은 내게 그 사역의 결과들을 설명하면서 몹시 감격스러워했다. "처음에 저희는 이혼율이 증가하는 것을 지켜볼 수밖에 없었습니다. 하지만 이제는 그 가정들을 섬기는 사역의 일원이 되어, 그들에게 복음을 전하는 동시에 결혼 상담 등의 여러 유익한 방편을 소개해 주고 있습니다. 저 자신의 삶도 이 사역을 통해 훨씬 더 풍성해졌습니다."

깨어진 부부 관계를 치유하고 복음을 전파하며 강력한 기도의 통로로 쓰임 받는 교회의 일원이 되는 일을 상상해 보라. 이를 통해 여러분의 삶에 미처 상상도 못했던 놀라운 목적이 있음을 알게 되는 일을 생각해 보기 바란다. 지역 공동체의 여러 가정이 여러분의 눈앞에서 변화되어 가는 모습을 목격한다고 상상해 보라.

재난이 일어난 곳을 찾아가는 교회

언젠가 토네이도가 밀어닥쳐 오클라호마주의 여러 지역에 막대한 피해를 입힌 적이 있었다. 당시 두 명이 목숨을 잃었으며, 그 숫자는 훨씬 더 늘어날 수도 있었다. 다행히 대다수의 사람들은 제때 대피소로 몸을 피했다. 하지만 그 피해 규모는 여전히 엄청났다.

벌써 십 년 전의 일이지만, 마지(Marge)와 벤(Ben)은 당시의 상황을 생생히 기억했다. 마지는 이렇게 말했다. "토네이도가 지나간 뒤에 집 바깥으로 나가 보았던 때가 생각나요. 다행히 우리 집은 무사했지만, 주위의 사오백 미터 반경 안에 있는 집들은 엄청난 피해를 입은 상태였지요."

벤은 이렇게 회상했다. "우리는 둘뿐이었기에 무엇을 할 수 있을지 잘 몰랐어요. 구조대원들의 사이렌 소리를 들으면서 주변을 걸을 때, 우리가 속한 호프 교회의 교인인 한 시의회 의원에게 전화가 왔어요. 그분은 대피소로 사용될 고등학교 건물이 심각하게 손상되었고, 시에서 이재민들을 수용할 다른 공간을 마련하는 데 어려움을 겪는 중이라고 말해 주었지요. 내가 교회의 장로이기에, 그분은 다른 이들과 연락해서 교회를 대피소로 개방할 수 있는지 알아봐 달라고 부탁했습니다."

장로들은 그 요청에 즉각 동의했다. 교인들은 간이침대와 유아용 침대, 각종 옷과 장난감, 세면도구 등을 확보하기 시작했다. 한 팀은 음식과 물 공급을 맡았고, 보험 설계사로 있는 세 명의 교인은 손해 사정인들을 서둘러 현장에 데려오려고 노력했다.

마지는 이렇게 말했다. "저는 우리 교회가 그렇게 신속히 움직이는 모습을 처음 봤어요. 그 속도는 이후 여러 날 동안에도 전혀 느려지지 않았지요. 몇몇 남자 교인들은 전기톱을 들고 집집마다 다니면서 쓰러진 나무들을 치웠고, 다른 이들은 지붕 수리공들과 함께 복구가 가능한 집에 방수포를 씌웠어요. 저는 그 움직임들을 '이차 구조' 사역으로 부르기 시작했지요. 그리고 교인들 중 하나인 카를로스(Carlos)가 교회 앞에 간판을 하나 세웠어요. 거기에는 '호프 교회(Hope Church)에서 수행하는 이차 구조 사역'이라고 써 있었지요."

이후 며칠 만에 급박한 상황이 마무리되고 대다수의 사람들이 머물 곳을 찾았다. 마지는 자신들의 구조 활동에 관해 기억나는 것을 전부 기록해 두었다.

이에 관해 그녀는 이렇게 언급했다. "그런 일이 다시 일어나지 않기를 바라지만, 만약의 사태에 대비할 필요가 있다고 생각했어요."

두 주 뒤, 그곳에서 차로 한 시간 반 정도 걸리는 곳에 있는 또 다른 마을에 토네이도가 닥쳐왔다. 그곳의 목회자가 호프 교회에 도움을 요청했을 때, 리더들은 두 시간 만에 구조팀을 구성해서 파견했다. 이는 그곳의 교회가 위기 상황에 효과적으로 대응하게끔 돕기 위해서였다.

이때의 일에 관해, 벤은 이렇게 이야기했다. "그로부터 십 년이 지났지만, 우리 교회의 이차 구조 사역은 계속 활발히 진행 중입니다. 다른 기독교 구호 단체와 협력할 때도 있고 우리 교회에서 홀로 감당하기도 하지요."

그리고 마지는 다음과 같이 덧붙였다. "저는 여러 번에 걸친 토네이도나 허리케인, 홍수와 산사태 가운데서 그리스도의 손과 발이 되어 왔습니다. 온 교회가 이 비전에 헌신해서 거의 매달 사역 현장에 참여하고 있지요. 지금 제 삶에는 놀라운 목적이 있습니다. 우리 중 많은 이들이 이렇게 말하지요. '혼자서는 이 일을 감당할 수 없어요. 우리는 그리스도의 몸이기에 함께 그 일을 행합니다.'"

벤은 미소를 지으면서 이렇게 말했다. "제 삶이 이

렇게 풍요로워질 줄은 상상도 못했어요."

여러분도 이처럼 그리스도의 손과 발이 되는 교회 안에 있는 자신의 모습을 상상해 보기 바란다. 우리가 재난 구조에 헌신할 때 세상이 조금씩 변화되는 모습을 마음속에 한번 그려 보라.

성도들의 '듣는 마음'이 일궈 낸 부흥

그 일은 모두 데브라(Debra)와 그 시누이인 피비 (Phoebe) 사이의 대화에서 시작되었다.

데브라는 내게 이렇게 털어놓았다. "저는 피비가 자기 교회 목사님의 설교를 들으면서 얼마나 많이 영적으로 성장하고 있는지를 계속 이야기하는 게 지겨 워졌어요. 그래서 직접 그 목사님 설교를 하나 찾아서 들어보았지요. 그런데 그 내용이 그럭저럭 괜찮긴 했지만 그리 특별한 것은 없었어요."

다음날 피비가 그 이야기를 다시 꺼냈을 때, 데브라는 그 설교가 그리 특별하지는 않았다고 대꾸했다.

데브라는 이때 피비가 보인 반응을 이렇게 회상했다. "그녀는 이렇게 답했어요. '당연히 그랬겠지요. 데브라는 아직 설교의 힘을 잘 모르니까요.'"

당시 피비는 데브라에게 자기도 전에 같은 태도를 품었다고 설명했다. 그러다가 스스로의 마음을 놓고 기도하면서, 하나님이 그 설교를 통해 피비 자신에게 말씀해 주시기를 구하기 시작했다는 것이었다.

데브라는 내게 이렇게 이야기했다. "전에는 목사님의 설교를 듣는 저 자신을 위해 기도해야겠다고 생각해 본 적이 없었어요. 하지만 그녀의 말을 듣고 그리해 보기로 했지요."

데브라는 이 생각을 자신의 몇몇 친구들과도 함께 나누었다. 그리고 오래지 않아, 그 교회에서 적어도 백 명 이상의 신자들이 목사님의 설교를 통해 하나님이 자신에게 말씀해 주시기를 기도하기 시작했다. 이는 마치 어떤 새로운 운동이 활기를 얻어 가는 느낌이었다.

이런 상황의 진전에 관해, 데브라는 이렇게 언급했다. "이제 설교 시간에 교인들이 그 내용을 받아 적는 모습을 흔히 볼 수 있어요. 사람들은 성경을 알고 그 속에 담긴 하나님의 메시지 듣기를 갈망하지요. 이제껏 보지 못했던 모습들이에요."

한두 달 후, 데브라는 담임 목사인 크레이그(Craig)를 찾아가서 이런 교인들의 변화를 어떻게 생각하는

지 물었다. 그는 솔직히 혼란스러웠다고 털어놓았다. 대체 무슨 일이 벌어지는 것인지, 누구에게 설명을 구해야 할지를 전혀 알 수 없었기 때문이었다. 이에 데브라가 그동안의 여정을 알려 주자, 크레이그는 눈물을 흘리기 시작했다.

데브라는 이때 그가 고백한 내용을 이렇게 이야기했다. "목사님은 그간 교인들의 끊임없는 불평 때문에 수없이 칼로 베이는 듯한 마음의 고통을 받았다고 말씀하셨어요. 그래서 목회를 그만둘 생각까지 했다고 하셨지요."

그후 몇 주 동안, 데브라는 크레이그 목사가 새로운 생기와 활력에 차서 사역하는 모습을 발견했다. 그녀의 교회는 모든 측면에서 영적인 성장과 부흥을 경험하고 있었으며, 많은 교인들이 예배 시간에 "하나님이 힘 있고 생생하게 역사하시는" 것을 보게 된다고 고백했다.

"그것은 하나님이 행하시는 일이었어요." 데브라는 이렇게 말했다. "매주 예배가 기다려져요. 제 삶이 하나님의 말씀으로 변화되고 있거든요. 그리고 저만 그런 것도 아니예요. 우리 중 많은 이들이 새로운 의미와 목적을 발견하고 있답니다."

우리가 꿈꾸던 교회를 상상해 보라

'상처 받는 이들을 돕기 위해 힘 있게 사역하는 교회'의 모습을 상상해 보라. 그 지체들은 함께 그들을 섬기는 과정에서 진정한 삶의 변화가 나타나는 것을 보게 된다. 여러분은 자신의 지역 공동체도 조금씩 달라지는 것을 느끼며, 아침마다 하나님이 행하실 일에 대한 기대감을 안고 잠에서 깨어난다. 그리고 여러분이 속한 교회의 지체들이 확고한 목적을 품고 함께 나아가는 모습을 보게 되는 것이다. 그 모습을 상상해 보라.

또 '지역 사회를 위해 신실하게 기도하는 교회'의 일원이 되는 일을 상상해 보라. 많은 기도 대상자들이 감명을 받고 어떤 이들은 여러분의 교회에 출석하기 시작하며, 여러 가정과 부부관계가 회복된다. 여러분은 이 사역에 동참하기를 간절히 바라고 기대하며, 이전에는 결코 꿈도 꾸지 못했던 삶의 목적을 발견한다. 하나님이 여러분의 교회를 놀라운 방식으로 들어 쓰시는 것이다. 그 모습을 상상해 보라.

또 '지역 교회의 활동을 통해 재난 구호의 최전선에 서는 모습'을 상상해 보라. 여러분은 동료 교인들과 함께 각종 토네이도와 허리케인, 홍수와 화재에 대응하게 된다. 물론 그런 일들은 가슴 아픈 비극이지만, 그 속에서 여러분의 삶은 새로운 의미를 얻는다. 그리고 여러분은 혼자 힘으로는 이런 일들을 해낼 수 없음을 깨닫는다. 이 일들은 오직 여러분이 제대로 움직이는 그리스도의 몸에 속해 있기에 가능한 것들이다. 그 모습을 상상해 보라.

또 '교회에 가서 예배드리는 것을 일주일 중 가장 기대하는 자신의 모습'을 상상해 보라. 여러분은 그곳에서 하나님의 임재를 경험하며, 성경을 즐거운 마음으로 더 깊이 연구하고 살핀다. 그리고 목사님의 설교를 통해 하나님의 말씀이 새롭고 힘 있게 선포되는 것을 듣게 된다. 나아가 여러분뿐만 아니라 주위의 동료 교인들 역시 그 변화를 경험하고 있다. 그것은 온 회중을 변화시키는 하나님의 역사이다. 그 모습을 상상해 보라.

여러분은 이런 교회의 일원이 되고 싶지 않은가? 이를 통해 여러분의 삶이 실제로 달라진다면, 기꺼이 그 일에 헌신하지 않겠는가?

그렇게 완벽한 교회는 없다고 생각할지도 모르겠다. 나도 그런 생각들을 이해한다. 하지만 이 책을 다 읽고 난 뒤에는 자신의 교회를 이전과 다른 시각에서 바라보게 되기를 기도한다. 여러분이 그 교회의 사역을 통해 참된 삶의 의미와 목적을 발견할 수 있음을 깨닫기 바라는 것이다. 여러분이 그 가족 같은 교회와의 기쁨에 찬 연합이 없이는 불변하는 삶의 의미와 목적을 얻을 수 없음을 알게 되기를 소망한다.

물론 이것은 상당히 과감한 주장이다. 그렇기에 우리는 먼저 지역 교회들이 흔히 직면하는 여러 장애물과 문제들을 다룬 뒤, 하나님은 우리가 어떤 식으로 함께 번성하기를 원하시는지를 자세히 살펴볼 것이다.

과연 우리는 지역 교회를 통해 참된 삶의 변화를 경험하며, 다른 사람들의 삶 역시 변화시킬 수 있을까? 진정한 의미와 목적이 있는 삶이 그 교회를 통해 실현될 수 있을까?

그렇다.

지금 그 모습을 상상해 보자.

우리 교회를 깨우는 세 가지 나눔

1. 건강한 교회가 드러내야 할 특징들은 무엇인가?

2. 지금 대부분의 성도들이 자신이 속한 지역 교회를 삶의 목적과 의미를 찾는 곳으로 여긴다고 생각하는가? 그 이유는 무엇인가?

3. 우리가 이 장에서 살펴본 교회들의 일부 공통된 특징들은 무엇인가?

2.

홀로 선 나무가 아닌 숲처럼, 공동체로 있어야 한다

이 책을 읽는 여러분에게 무한한 감사를 느낀다. 이제껏 나는 하나님이 이 책을 통해 많은 이들의 삶을 변화시켜 주시기를 기도해 왔다. 그분이 여러분의 삶에서도 그렇게 역사해 주시기를 바라고 소망한다.

전에 쓴 책을 하나라도 읽었다면, 내가 교회를 얼마나 사랑하고 아끼는지 알 것이다. 앞서 출간한 몇몇 책에서 나는 교회의 지체 됨이 갖는 의미에 집중했고, 다른 책들에서는 그리스도인들이 어떻게 하나님이 주신 사명을 받들면서 살 것인지를 주로 다루었다. 나는 이 책에서도 유사한 주제들을 살폈는데, 이 책은 또한 지역 교회를 향한 헌신을 우리 삶의 목적과 의미에 결부 짓는 점에서 독특성을 띠기도 한다.

이 책의 요지는 단순하다. 하나님은 우리가 지역 교회에서 함께 사역하고 섬기면서 의미 있고 풍성한 삶을 살기를 바라신다는 것이다. 그런 삶 속에는 우리의 회중을 변화시키는 힘이 있다.

어떤 이들은 '지역 교회에서 함께 사역하고 섬기면서'라는 구절 앞에서 멈칫할지도 모른다. 이들은 교회 바깥에서도 풍성한 삶을 누릴 수 있다고 할 것이다. 어떤 이들은 교회 생활에 참여하는 일이 우리의 영적이며 정서적인 건강에 해롭다고 여길 수도 있다. 이런 사람들의 태도를 충분히 이해한다. 나도 교회의 운영 회의에 많이 참석해 보았기 때문이다.

하지만 나는 교회와 상관없이 우리 삶의 궁극적인 목적을 발견할 수 있다고 믿는 이들과 여전히 생각을 달리한다. 이는 무엇보다 성경에서 그렇게 말씀하지 않기 때문이다. 여러분이 성경을 믿는다면, 적어도 교회의 중요성만은 인정해야 한다. 결국 사복음서 이후에 전개되는 거의 모든 신약의 가르침이 그 교회를 중심으로 이루어지기 때문이다. 예를 들어 다음의 사실들을 살펴보자.

○ 사도행전은 예루살렘 교회의 탄생 과정을 서술한
  뒤, 소아시아와 그리스, 로마에 이르기까지 다른
  여러 교회들의 개척과 성장 과정을 기록해 나간
  다. 이 책의 분량은 신약 성경 전체의 십사 퍼센트
  정도를 차지하고 있다.

○ 사도 바울은 각 지역 교회에 보낸 아홉 편의 서신
  (로마서와 고린도전후서, 갈라디아서와 에베소서, 빌립보서,
  골로새서, 데살로니가전후서)과 그 지도자들에게 쓴 네
  편의 서신(디모데전후서, 디도서, 빌레몬서)을 남겼다.
  이 열세 편의 서신은 신약 성경의 이십팔 퍼센트
  정도에 이른다.

○ 신약의 다른 서신들도 대부분 지역 교회에 보내
  졌거나 그 공동체들과 결부되어 있다(히브리서, 야고
  보서, 베드로전후서, 요한일이삼서, 유다서, 요한계시록).

따라서 신약 성경의 초점이 지역 교회에 놓인다는
점에 관해서는 의심의 여지가 없다. 하나님이 신약의
저자들에게 영감을 주어 그 편지들을 기록하게 하셨을
때, 그분은 각 교회의 중요성을 분명히 드러내셨다.

지역 교회가 하나님 보시기에 이같이 중요하기에, 우리도 그곳을 소중히 여겨야만 한다.

여기서 여러분은 이렇게 반박할지 모르겠다. "하지만 지금 너무 많은 교회들이 망가져 있잖아요." 나도 그 생각을 이해한다. 실제로 이 책의 4장에서는 교회의 몇몇 부정적인 문제들을 최대한 정직하고 투명하게 다루어 볼 것이다. 지금은 잠시 그 생각을 접어 두고 내게 답변할 기회를 주기 바란다. 나는 다만 여러분이 이 책을 읽는 동안 어느 정도 열린 마음을 유지해 주기를 당부할 뿐이다.

물론 이 책의 독자인 여러분을 개인적으로 잘 알지는 못한다. 여러분이 지금 주위의 교회와 어떤 관계인지도 헤아리기 어렵다. 다만 여기서는 최대한 다양한 독자들을 상대로 메시지를 전달해 보려 한다.

지금 여러분은 지역 교회와 완전히 단절되어 있거나 아예 그리스도인이 아닐지도 모르겠다. 아마 단순한 호기심에서 이 책을 집어 들었거나 누군가의 권유로 읽게 되었을 것이다. 위에서 말한 이 책의 요지에 관해 상당한 의구심이나 회의감을 품을 수도 있다. 여하튼 나는 여러분이 이 책을 펼친 것만으로도 감사할 따름이다.

어쩌면 여러분은 그리스도인이지만, 개인적인 이유에서 한 교회의 지체가 되지 않기로 마음먹었을 수도 있다. 오랜 세월 동안 한두 곳 이상의 교회에 속해 있었지만 서서히 멀어지다가 아예 그 연결고리를 잃어버렸을 수도 있다. 거칠고 난폭한 교인들과 갈등을 겪은 뒤 모든 관계를 끊고 교회를 떠났거나, 어떤 유익한 아이디어를 제시했다가 무시당했을 수도 있다. 그리고 교회를 자신들의 영지처럼 다스리려 드는 권력 집단과 마주쳤을지도 모르겠다. 안타깝지만 이런 문제들은 지금 여러 교회에서 실제로 벌어지는 것들이다.

어쩌면 한 지역 교회에 속해 있지만, (많은 이들이 그렇듯이) 예전처럼 자주 그 활동에 참여하지 않을지도 모르겠다. 과거에는 사람들이 일주일에 두세 번씩 교회에 출석하던 때도 있었다. 하지만 지금 어떤 이들은 한 달에 한두 번씩만 교회에 나오곤 한다. 동료 신자들과 함께 모이는 일이 이전처럼 삶의 우선순위에 놓이지 못하는 것이다. 많은 이들은 고된 한 주간의 근무를 마친 주말에 늦잠을 자거나 스포츠 경기를 보러 가는 일, 또는 가족과 함께 시간을 보내는 편을 더 선호한다. 이처럼 교회에 출석하지 않는 신자들은 의미 있는 신앙생활에서 조금씩 멀어지고 있다.

그리고 여러분도 그 '서서히 멀어지는' 이들의 범주에 속해 있을지 모르겠다. 이제 교회에 나갈 이유는 점점 줄고, 다른 일들을 할 이유는 점점 늘어난다. 어쩌면 교회를 향한 헌신이 정말 가치 있는 것이었는지를 자문하는 중일 수도 있다. 아마 지역 교회의 일원으로 살아가면서 이따금 아픔과 좌절을 맛보았을 것이다. 그렇기에 하나님이 정말 그 교회에 속하기를 원하시는지 의문일 수 있다.

가장 적극적인 교인들도 이따금 교회의 중요성을 상기할 필요가 있다. 지금 많은 교회 지도자들은 교인들의 헌신에 관해 낮은 기대치를 품으며, 심지어 헌신에 대한 요청을 미안해하기까지 한다. 그리고 어떤 교인들은 교회의 활동과 사역, 섬김과 공동체적인 삶이 영원히 바람직한 결과들을 가져온다는 점을 되새겨야 한다. 우리가 교회 생활을 그저 세상에 있는 다른 조직이나 동호회의 활동과 유사하게 여긴다면, 당연히 헌신의 의미와 중요성을 의문시하게 될 것이다. 이때 우리는 교회 활동에 참여하는 일을 시간 낭비로 여기게 된다.

여기서 앞서 언급한 이 책의 핵심 요지를 다시 강조

하고 싶다. 하나님은 우리가 지역 교회에서 함께 사역하고 섬기면서 의미 있고 풍성한 삶을 살기를 바라신다. 신약 성경은 지역 교회만큼의 무게감과 중요성을 지닌 다른 조직을 언급하지 않는다. 이 교회는 하나님의 계획 가운데서 본질적인 의미와 가치를 갖는다.

오늘날 많은 교회에서 성도들에게 최소한의 헌신만을 기대하기에, 이런 내 주장은 상당히 급진적으로 보일 수 있다. 하지만 이에 관한 성경의 태도는 명확하다. 곧 우리가 참된 삶의 변화를 경험하며 더 깊은 무언가를 발견하려 한다면, 그 일들은 지역 교회 안에서 이루어져야만 한다는 것이다. 사도 바울은 다양한 필요와 문제들을 지닌 여러 교회에 편지를 썼다. 그는 그 교회들의 상황을 보면서 때로 눈물을 흘렸으며, 속히 그 교회에 방문하기를 갈망했다. 그는 그 교회들을 위해 기도하고 여러 모로 도왔으며, 그 교회들을 격려하는 동시에 기꺼이 자신의 생명까지 내놓으려 했다.

당시 바울이 교회들에 보낸 편지가 지금 다 남아 있지는 않다. 그러나 하나님은 가장 중요한 편지들이 보존되어 후대에 전해지게 하셨으며, 마침내 그 편지들이 신약 성경에 편입되게 만드셨다.

나를 가장 매료시키는 바울의 두 편지는 그가 고

린도 교회에 보낸 것들이다. 여러분도 잘 알듯이, 당시 고린도 교회는 일종의 문제아 같은 존재였다. 성도들 간의 연합과 섬김 위에 세워졌던 그 교회가 분열과 자기중심성에 매인 공동체로 변질되었던 것이다. 이런 태도들은 심지어 거짓 가르침과 성적인 부도덕으로 이어졌다.

지금 여러분의 교회에 문제가 있다고 여긴다면, 고린도전후서를 한번 읽어 보라. 바울이 그 속에서 다루는 문제들이 너무 많아 요약하기도 어려울 정도다.

우리가 이 두 편지를 읽을 때 눈에 띄는 점은 바울이 주님의 이름을 여러 번 계속 언급한다는 것이다. 그는 고린도 교인들이 예수 그리스도의 주 되심을 인정하지 않고 있음을 깨우쳐 주려 했다. 고린도 사회의 세속적인 분위기와 풍조가 그 속에 스며들고 있었던 것이다. 그곳의 지체들은 저마다 자신만을 우선시할 뿐이었다. 다른 이들을 위한 섬김은 자신의 유익만을 구하는 태도로 변질되고 온갖 분열과 다툼이 뒤따랐다.

여러분에게 이 점을 일깨우고 싶다. '세상에 완벽한 교회는 없다.' 실제로 여러분은 바울 당시의 고린도 교회처럼 대단히 불완전한 교회들을 자주 접할 것이다. 그러나 바울은 그 교회들을 포기하지 않았다. 그는 그 교인들이 자신의 공동체들을 더 나은 곳으로 만들어 가도록 계속 격려하고 권면했다.

당시 고린도 교회의 신자들은 어떤 식으로 그 공동체를 개선해 가야 했을까? 이에 관해 바울은 주로 다음의 두 주제에 근거해서 그 답을 제시한다.

섬김을 통한 의미 찾기

당시 고린도 교회의 문제 중 하나는 영적인 은사들을 오해하고 잘못 사용하는 것이었다. 고린도전서 12장 1절에서 바울은 다음과 같이 그 문제를 정면으로 언급한다. "형제자매들이여, 성령님이 베푸시는 특별한 능력들에 관해 여러분의 오해가 없기를 바랍니다."(NLT, 역자 번역)

하지만 그 교인들은 영적인 은사들의 역할을 오해했고, 많은 이들이 그것들을 자신의 우월성을 드러내는 수단으로 여겼다. 그러나 바울은 다음의 두 요점을 분명히 밝혔다. 이는 모든 그리스도인에게 영적인 은사가 주어졌으며, 성령님이 그 은사들의 원천이시라는 것이다(고전 12:4, 7). 모든 은사가 한 분 성령님께로부터 유래했기에 어떤 신자도 자신의 은사를 내세우고 자랑할 수 없다.

그다음에 바울은 성도들의 영적인 은사가 지닌 목적을 분명히 한다. "이는 우리가 서로 돕게 하려는 것입니다"(고전 12:7, NLT). 우리가 그리스도인이 될 때, 성령님은 각자에게 독특한 은사와 재능을 부여해 주신다. 이때 그 은사들의 목적은 다른 이들을 잘 섬기게 하려는 데 있다.

모든 교인이 자신의 영적인 은사를 사용해서 다른 이들을 부지런히 섬기는 교회의 모습을 잠시 상상해 보라. 저마다 다른 이의 필요를 자신의 것보다 우선시하는 모습을 떠올려 보기 바란다. 각 지체들이 다른 이들의 삶에 먼저 관심을 갖고 배려하는 공동체의 모습을 헤아려 보라.

그런 교회에서는 모든 분쟁이 사라질 것이다. 교인들 간의 충돌과 불평이 없으며, 설령 그런 일이 있더라도 하나님의 은혜와 지혜로써 적절히 다루어질 것이다. 그 예로 사도행전 6장 1-7절을 보라. 그곳에는 온전한 일치가 자리 잡을 것이다. 그리하여 교회 안팎의 모든 이들이 그곳에서 하나님이 행하시는 위대한 일들의 증거를 보게 된다.

우리는 참된 교회 됨의 이상이 여기에 있음을 알

지만 지금 교회의 현실도 잘 알고 있다. 이렇게 완벽한 교회는 없으며, 몇몇 교회는 다른 교회들보다 더욱 불완전하다.

고린도 교회에 보낸 편지에서, 바울은 교회 안에 실제로 그런 문제들이 있음을 충분히 직시하고 있다. 그는 가장 심각한 죄를 범한 일부 교인들을 책망하고 훈계하며, 그 지체들이 교회의 문제들을 적절히 다루어 나가도록 격려한다.

나 역시 불완전한 지도자다. 나는 한 사람의 남편이자 아버지, 할아버지이자 목회자, 한 단체의 최고 경영자이자 벗으로서 늘 부족한 점이 많았다. 그간 내가 실수를 범한 사례들을 한데 모으면 한 권의 방대한 책을 쓸 수 있을 정도다(아내가 애정을 담아 표현하듯 여러 권의 시리즈가 될 수도 있다).

지도자로 사역하는 동안, 나는 누군가 찾아와서 다른 이들에 대한 불만이나 문제점을 쏟아놓을 때 이렇게 답했다. "어떤 점이 문제인지는 잘 알겠습니다. 이제 그 문제를 어떻게 다루면 좋겠는지 말씀해 주시지요." 이는 누구든지 현 상황의 부정적인 측면들을 파악할 수 있지만 그 개선을 위해서는 모두의 협력이 요구됨을 일깨우기 위함이다.

바울이 당시 고린도 교회에 전한 메시지도 이것이었다. 그는 그 공동체가 불완전하며 참된 교회 됨의 이상에 미치지 못함을 인정하는 한편, 하나의 생생한 비유를 들어 그들이 어떻게 그 문제들을 해결해 갈 수 있는지를 설명하고 있다. 그는 그 교회를 "그리스도의 몸"(고전 12:12, NLT)으로 지칭하면서 단순하면서도 강력한 한 가지 요점을 제시하는데, 이는 그 모든 부분이 꼭 필요하다는 것이다. 다른 부분들의 도움이 없이는 그 몸의 어떤 부분도 제대로 움직일 수 없다.

바울은 먼저 인체의 모습을 묘사하면서 논의를 시작한다. "몸의 지체가 많으나 한 몸임과 같이 그리스도도 그러하니라"(고전 12:12). 이어 그 몸의 여러 부분을 언급하는데, 손과 발, 눈과 귀, 코 등이 그것이다(코의 경우에는 '냄새'에 대한 표현을 통해 암시된다).

몸은 한 지체뿐만 아니요 여럿이니 만일 발이 이르되 나는 손이 아니니 몸에 붙지 아니하였다 할지라도 이로써 몸에 붙지 아니한 것이 아니요 또 귀가 이르되 나는 눈이 아니니 몸에 붙지 아니하였다 할지라도 이로써 몸에 붙지 아니한 것이 아니니 만일 온 몸이 눈이면 듣는 곳은 어디며 온 몸이 듣는 곳이면 냄새 맡는 곳은 어디냐 그러나 이제 하나님이 그 원하시는 대로 지체를 각각 몸에 두셨으니(고전 12:14-18).

바울은 그리스도의 몸에 속한 이 여러 부분들을 "지체"로 지칭한다. 그리고 그 지체들이 하나가 되어 서로 희생하면서 협력할 때, 몸 전체가 더욱 견고하고 튼튼한 모습으로 자라 간다. "이를 통해 각 지체 간의 조화가 이루어지며, 모든 지체들이 서로를 돌보게 됩니다."(고전 12:25, NLT)

나는 어떤 이들이 성경은 교회의 지체 됨에 관해 아무것도 말하지 않는다고 주장하는 것을 종종 듣는다. 하지만 위의 본문을 비롯한 신약의 여러 구절들은 그 지체 됨의 중요성을 다양한 방식으로 증거하고 있다. 물론 교회의 지체 됨은 세상의 동호회나 친목 클럽처럼 회비를 내고 여러 특혜나 서비스를 받는 것과는 다르다. 지역 교회는 그 지체들이 기꺼이 서로를 섬기며 나누려 하는 하나의 인격적인 공동체다. 하나님의 계획은 우리가 성경의 가르침을 좇아 이 교회에 온전히 헌신하는 이들이 되게 하는 데 있다.

이제 여러분도 이 진리를 어느 정도 파악했으리라 믿는다. 하나님은 우리를 그분의 형상으로 지으셔서 다른 이들을 섬기게 하셨다. 그리고 우리에게 지역 교회라는 유기적인 공동체를 주셔서, 그곳을 통해 우리의 그 섬김이 계속 이어지게 하셨던 것이다.

우리는 온갖 문제와 역기능적인 교인들이 있는 교회에서 어떻게 삶의 의미와 목적을 발견할 수 있을까? 이 일은 우리가 그 문제들에 대한 해결책의 일부가 될 때 가능해진다. 우리는 성령님이 주신 은사들을 가지고 교회 생활에 적극 참여하면서 주위 사람들을 섬겨야 한다. 자신보다 다른 이들의 유익을 앞세우고, 그리스도의 몸에 속한 지체의 역할을 충실히 감당하면서 주위 사람들을 돌보아야 하는 것이다. 우리는 다른 이들의 반응과 상관없이 그들을 섬기며 베풀고 나누는 일에 집중해야 한다.

여기서 어떤 이들은 이렇게 항변할지 모르겠다. "제가 속한 교회의 상태가 얼마나 엉망인지 아신다면 그런 상황 속으로 뛰어들라고 말하지 못하실 겁니다."

나는 그들이 처한 상황의 어려움을 충분히 헤아릴 수 있으며, 결코 그 일이 쉬우리라고 여기지 않는다. 우리는 이후 4장에서 각 교회들이 겪는 실제적인 도전들을 다루어 볼 것이다. 여기서는 먼저 그런 우리의 딜레마에 관해 바울이 제시하는 하나의 포괄적인 해결책을 살피려 한다. 그는 고린도전서 13장 전체에서 그 해결책을 서술하고 있다. 그것은 우리가 종종 '사랑장'으로 지칭하는 본문이다.

대가를 바라지 않는 사랑의 실천

한때 나는 그 사랑 장을 대하는 데 지칠 뻔한 적이 있다. 당시 나는 한 해 동안 서른 건이 넘는 결혼식의 주례를 맡았다. 그때 한 교회의 담임 목사로 섬겼는데, 그곳에는 많은 청년들이 있었다. 주말마다 결혼식 예행 연습과 식사, 결혼식과 피로연 등의 일정이 이어졌다. 물론 결혼식 사진 촬영도 있었으며, 그 시간은 끝없이 지속될 것만 같았다. "자, 찍으시죠. 한 장 더 찍겠습니다. 한 장 더요. 웃으세요. 한번만 더 찍을게요."

내가 늘 바람직한 태도를 품지는 못했던 것을 안다. 이는 부끄러운 일이었다. 사실 그 예식들은 큰 축하의 자리였고 기쁨에 찬 순간들이었다. 그리고 감사하게도, 내 주례로 결혼한 대부분의 커플들은 지금도 잘 살아가고 있다.

하지만 나는 긴 주말 사역을 감당하느라 조금씩

지쳐 가고 있었음을 고백하지 않을 수 없다. 수많은 결혼식 예행 연습과 식사, 피로연 등이 매주 반복되었기 때문이다. 결혼식 사진 촬영은 말할 것도 없다. 어느 시점에 가서는 고린도전서 13장 본문에 대해서도 지치기 시작했다. 이것 역시 부끄러운 일이다.

당시 그 본문은 많은 결혼식에서 낭독되는 성경 구절이었다. 아마 나는 더 다양한 본문들이 선택되기를 바랐던 것 같다. 과연 그 본문을 결혼식에서 사용하는 것이 옳은지에 대해서도 의문을 품었는데, 이는 그 주제가 실제로는 지역 교회 안의 연합에 관한 것이었기 때문이다. 나는 이렇게 생각했다. '이 내용은 다른 교인들과의 관계를 다룬 것일 뿐, 남편과 아내의 사랑과는 별 관계가 없어.'

이제는 내가 다행히 그런 신학적 트집 잡기에서 어느 정도 벗어난 듯싶다. 나는 그 본문이 남편과 아내의 사랑을 아름답게 묘사한 것으로도 읽힐 수 있음을 깨닫고 있다. 그 원래의 맥락은 교인들 서로의 관계와 섬김을 다루지만, 사랑 장을 결혼식에서 낭독하는 일에도 전혀 문제될 것이 없다는 것이다. 다만 그때의 결혼식 사진 촬영은 여전히 그리워하지 않는다.

이 고린도전서 13장은 (당연하게도) 12장 이후에 나오는데, 후자의 본문에서 바울은 당시 고린도 교회에서 영적인 은사들이 오용된 문제들을 다루고 있다. 그는 그 지체들에게 영적인 은사의 목적과 기능을 가르친 뒤, 우리가 어떤 동기에서 그 은사들을 사용해야 하는지를 일깨운다. 그에 따르면, 그리스도께서 우리를 사랑하셨듯이 우리도 깊은 사랑을 품고 교회와 그 지체들을 섬겨야 한다.

우리가 사랑 이외의 다른 동기에서 주위 사람들을 섬길 때 그 일은 전부 헛된 것이 된다. 고린도전서 13장에서 사랑을 지칭하는 단어는 '아가페'인데, 이는 아무 조건 없이 자신을 희생하면서 다른 이들의 유익에 헌신하는 사랑을 뜻한다. 어떤 대가를 바라지 않는 것이다.

그것은 곧 우리를 향한 그리스도의 희생적인 사랑 가운데서 완벽히 드러나는 사랑이다. 지금 다른 교인들과의 관계나 앞으로 여러분이 맺게 될 관계들을 생각할 때, 아가페 사랑에 대한 다음의 묘사들을 염두에 두기 바란다.

○ 아가페 사랑은 다른 신자들을 친절과 인내로 대하며 결코 시기하지 않는 사랑이다.

○ 다른 신자들 앞에서 스스로를 자랑하거나 뽐내지

않는 사랑이다.

○ 다른 신자들을 무례하게 대하지 않는 사랑이다.

○ 다른 신자들에게 자신의 뜻을 강요하지 않는 사
랑이다.

○ 다른 신자들에게 쉽게 성을 내지 않는 사랑이다.

○ 다른 신자들의 허물을 마음에 담아 두지 않는 사
랑이다.

우리는 고린도전서 12장에서 성도들의 합당한 행
실을 배우며, 13장에서는 그들의 합당한 태도에 관해
가르침을 받는다. 간단히 말해, 우리에게 사랑의 태도
가 없다면 외적인 행실만으로는 의미가 없다는 것이
바울의 요점이다. 그는 13장 3절에서 그 메시지를 이
렇게 요약한다. "내가 내게 있는 모든 것으로 구제하
고 또 내 몸을 불사르게 내줄지라도 사랑이 없으면 내
게 아무 유익이 없느니라."

우리는 가족이다

성경은 교회의 모습을 여러 가지로 묘사하는데,
이때 중요한 것 중 하나는 가족의 비유이다. 바울은

갈라디아 교회에 보낸 편지에서 그들 속에 있는 이단 교리와 이기적인 태도를 지적한 뒤, 그 결론 부분에서 다음의 심오한 메시지를 준다. "우리가 선을 행하되 낙심하지 말지니 포기하지 아니하면 때가 이르매 거두리라. 그러므로 우리는 기회 있는 대로 모든 이에게 착한 일을 하되 더욱 믿음의 가정들에게 할지니라"(갈 6:9-10).

이 말씀의 의미가 이해되는가? 여기서 바울은 갈라디아 교인들에게 이타적인 삶의 자세를 권고하고 있다. 다른 이들을 돕는 데 지치거나 싫증을 내지 말라는 것이다. 그는 신자들이 다른 이들의 유익을 앞세울 때 참된 복이 임할 것임을 일깨운다.

그런데 이 본문에서 바울이 이 조건 없는 섬김의 대상을 무엇으로 지칭하는지 살펴보라. 그는 그들을 "믿음의 가정들"로 언급하고 있다. 곧 갈라디아 교인들이 서로를 한 가족으로 여기기를 원했던 것이다. 이 것은 실로 깊은 의미가 담긴 비유이다.

그러면 건강한 가족들의 특징은 무엇일까? 첫째, 그들은 서로 아무 조건 없이 아끼고 사랑한다. 그들은 각자의 삶에 최선의 일들이 이루어지기를 바라며, 서로의 유익을 위해 어떤 일이든 기꺼이 감당하려 한다.

아마 이런 모습들의 가장 뚜렷한 사례는 자녀를 돌보는 부모의 태도에서 찾아볼 수 있을 것이다. 아내와 나도 세 아들을 키웠다. 우리는 둘 다 완벽하지 않았지만, 아내가 나보다는 훨씬 더 나은 부모였다. 아들들을 향한 아내의 조건 없는 사랑이 잘 드러났던 과거의 한 사례가 지금도 기억난다.

당시에 가난한 신학생 부부였던 우리는 상당한 재정적인 어려움을 겪었다. 아내와 나는 돈을 아끼려고 서로 선물을 주고받지 않았으며, 덕분에 아들들의 생일이나 성탄절에 작은 선물을 아이들에게 줄 수 있었다. 그러던 어느 달, 우리의 통장 잔고와 식료품 모두가 거의 바닥나 버렸다. 어린 세 아들이 굶는 것을 마냥 지켜볼 수 없었던 아내는 신문을 뒤지다가 혈장 헌혈자를 찾는다는 광고를 보았다. 그리고 그녀는 곧바로 다음날 그곳에 찾아가서 기꺼이 희생을 치르기로 마음먹었다.

다행히 하나님은 그날 오후에 삼촌이 보낸 뜻밖의 수표가 동봉된 편지가 도착하게 하심으로써 이 일에 개입하셨다. 그럼에도 이 일은 아내가 아들들에 대한 헌신적인 사랑으로 무엇이든 감당할 준비가 되어 있음을 보여 주었다. 이 조건 없는 사랑은 건강한 가족

관계의 모퉁잇돌과도 같다.

둘째, 그들은 서로를 섬긴다. 남편들은 아내를, 아내들은 남편을 섬긴다. 또 부모들은 자녀를 섬기며, 형제자매끼리도 서로를 섬기는 것이다. 나아가 성인이 된 자녀들은 자신의 부모를 섬긴다. 건강한 가족들은 견고한 유대 관계를 형성하며, 자연스럽고 기쁨에 찬 방식으로 서로를 섬기고 돌아본다. 하나님이 우리에게 가족을 주시는 이유는 그 안에서 이처럼 서로를 아끼고 위하게 하시려는 데 있다.

셋째, 그들은 서로의 필요를 돌보고 공급한다. 앞서 언급했던 초대 교회의 첫 갈등 중 하나는 교회가 일부 과부들에게 식량을 제공하는 일을 멈추면서 일어났다. 사도행전 6장 1절에서 묘사되는 당시의 상황은 상당히 심각했으며, 저자 누가는 그 신자들 사이에 "원망"(rumblings of discontent)이 있었음을 기록하고 있다. 그리고 사도들은 과감히 일곱 집사를 세워서 그 과부들을 돌보게 했던 것이다.

교회는 하나의 가족이다. 건강한 가족의 구성원들이 그리하듯, 교회의 지체들 역시 서로를 사랑하고 섬기며 그 필요를 돌보아야 한다. 교회를 가족에 빗대는 이 은유는 실로 강력한 힘이 있다. 이 건강한 가족의 한 가지 특징을 꼽자면, 다른 식구들의 유익을 자신의 것보다 우선시한다는 점이다.

잠시 여러분이 속한 교회의 다른 지체들과 어떻게 관계 맺고 있는지를 한번 생각해 보라. 여러분은 그들의 유익을 위해 늘 노력하고 있는가? 혹시 그들의 관심보다 여러분 자신의 개인적인 취향을 우선시하지는 않는가? 과연 그들을 위해 기도하면서 계속 섬길 방법을 찾고 있는가?

어떤 이들은 내 말을 이렇게 반박할지도 모르겠다. "제가 속한 교회의 교인들이 어떤 이들인지 아신다면, 섬김이 쉽지 않은 이유도 이해하실 겁니다. 그들은 정말 까다로운 사람들이거든요."

나도 그 말을 이해한다. 어떤 친교의 공동체든 그런 사람들이 있기 마련이다. 우리가 가족의 은유로 교회를 이해하는 것이 적절한 이유도 바로 여기에 있다. 성경은 '지체(member)'라는 말로써 가족과 교회의 구성원들 모두를 지칭하는데(엡 2:19, 5:29-30), 그 지체들은 자신보다 큰 공동체의 한 부분이다. 그렇기에 가족과 교회 모두에서, 그들은 자신의 이익과 관심사보다 공동체 전체의 유익을 우선시해야 한다.

분열을 일삼던 고린도 교회를 향해, 바울은 어느

한 지체가 온전치 못하면 몸 전체가 해를 입는다고 언급하면서 이 점을 명확히 밝혔다. "오직 하나님이 몸을 고르게 하여 부족한 지체에게 귀중함을 더하사 몸 가운데서 분쟁이 없고 오직 여러 지체가 서로 같이 돌보게 하셨느니라. 만일 한 지체가 고통을 받으면 모든 지체가 함께 고통을 받고 한 지체가 영광을 얻으면 모든 지체가 함께 즐거워하느니라"(고전 12:24-26).

말씀의 의미가 이해되는가? 우리는 그저 교회의 외적인 회원이 되는 데 그치지 않고 다른 지체들의 유익을 먼저 구해야 한다. 이 공동체적인 돌봄 속에서, 우리는 매일 더 예수님처럼 사는 법을 배워 가게 된다. 우리가 교회의 지체로 살아가는 목적은 이전보다 더 많은 특권이나 혜택을 누리려는 데 있지 않다. 그 목적은 우리의 회중 안에 있는 다른 이들을 돌보는 일의 기쁨을 알아 가는 데 있다.

진정한 삶의 의미는 교회를 통해 발견된다

그간 삶의 목적과 의미를 다룬 책과 영화가 무수히 만들어져 왔다. 지금 많은 이들이 다양한 방식으로 그 의미를 찾아 헤매며, 이는 결코 끝나지 않는 여정과도 같다. 하지만 우리 그리스도인들은 그것을 어디서 찾을 수 있는지를 안다. 요한복음 10장 10절에서 예수님이 친히 이렇게 말씀하시기 때문이다. "도둑이 오는 것은 도둑질하고 죽이고 멸망시키려는 것뿐이요 내가 온 것은 양으로 생명을 얻게 하고 더 풍성히 얻게 하려는 것이라." 이 구절에서 주님은 그분의 과업을 사탄의 것과 뚜렷이 대조하신다. 그분의 목적은 우리에게 참된 생명과 의미를 주시려는 데 있는 반면, 사탄은 우리를 무너뜨리고 죽음으로 몰아가려 한다.

예수님은 바로 앞 구절에서 자신의 청중에게 이렇게 선포하셨다. "내가 문이니 누구든지 나로 말미암아 들어가면 구원을 받고"(요 10:9). 여기서 그분은 자신이 구원의 길임을 말씀하시며, 실로 자신이 유일한 길임을 드러내고 계신다.

그런데 예수님은 그저 영원한 구원에 관한 언급으로 그 이야기를 끝맺지 않으셨다. 예수님은 또한 우리가 이 땅에서 참된 삶의 의미를 찾는 길 역시 그분께 있음을 덧붙이셨다. 우리가 그분의 뒤를 좇아 걸어갈 때 이 땅에서 풍성하고 만족스러운 삶을 누리게 된다는 것이다.

여기서 많은 그리스도인들은 그 일이 어떻게 가능

한지를 여전히 질문한다. 우리는 예수님이 약속하신 그 온전한 삶을 어떻게 발견해 낼 수 있을까? 그 추구를 어디서부터 시작해야 할까? 그 답 역시 성경에 명확히 제시되어 있다. 이는 곧 우리가 속한 교회 안에서 그리스도 안에 있는 풍성한 생명을 찾아 누리게 된다는 것이다. 간단히 말해, 주님은 우리가 그곳에서 함께 그 삶의 의미를 발견해 가기 원하신다.

이 장의 첫 부분에서 언급했듯이, 신약 성경의 대부분은 지역 교회들을 상대로 쓰였거나 그 교회들에 관한 내용이 담겨 있다. 그렇기에 하나님은 우리가 그 '교회'라는 공동체 안에서 풍성한 삶을 발견하기를 원하셨던 것이 분명하다. 바울은 이 교회가 곧 그리스도의 몸임을 확언하고 있다. "너희는 그리스도의 몸이요 지체의 각 부분이라"(고전 12:27). 이 말씀은 당시 고린도 교회를 향해 기록되었으며, 오늘날 우리에게도 동일한 의미를 전해 준다.

참된 삶의 의미가 그리스도 안에 있는 지역 교회를 통해 발견된다는 것은 오늘날의 문화에서 그리 인기 있는 메시지가 아니다. 그 메시지는 그리스도인들 사이에서도 환영 받지 못할 때가 종종 있다. 지금 많은 이들은 그리스도의 몸인 교회를 떠나서도 풍성한 삶의 길을 찾아낼 수 있다거나, 혹은 마땅히 그리해야 한다고 주장하기 때문이다.

하지만 성경은 우리에게 그렇게 말씀하지 않는다. 그 가르침에 따르면, 진정한 삶의 의미는 그리스도 안에서 그분께 속한 교회를 통해 발견된다. 우리는 그곳에서 참된 교제를 경험한다. 우리는 그곳에서 서로를 책임감 있게 대하는 법을 배운다. 우리는 그곳에서 서로를 섬긴다. 우리는 그곳에서 온전한 제자의 길을 걷게 된다. 우리는 그곳에서 하나님의 뜻에 명확히 헌신하게 된다.

여러분은 정말 변화된 삶을 원하는가? 충만한 의미와 만족이 있는 삶을 갈망하는가? 그리스도께서 마련해 두신 풍성한 생명을 찾기 원하는가? 여러분은 기꺼이 그 일을 위해 헌신할 각오가 되어 있는가?

하나님은 우리가 함께 사역하고 섬기면서 풍성하고 의미 있는 삶을 살기 원하시며, 그 일은 바로 교회라는 공동체 안에서 이루어진다. 예루살렘의 첫 교회부터 오늘날의 교회에 이르기까지, 그리스도인들은 하나님이 주신 삶의 목적과 사명을 함께 감당해 왔다. 이 책의 후반부에서 살필 다섯 가지 핵심 헌신에 적극 참여해 왔던 것이다.

그런데 이 참된 의미와 성취의 길에 대한 반대는 불신자들뿐 아니라 심지어 일부 신자들 사이에서도 제기되고 있다. 많은 그리스도인들은 동네 교회의 충실한 지체로 살아가야 한다는 가르침을 잘 따르지 않는다. 이는 복잡한 공동체의 삶에 매이지 않고서도 신자로서 잘 성장해 갈 수 있다고 믿기 때문이다.

물론 이 세상의 교회는 어지럽고 불완전하며, 그곳에서는 늘 상당한 분쟁이 생겨날 수 있다. 그렇기에 사람들은 여러 이유에서 지역 교회의 일원이 될 필요성에 대한 반대 의견을 내놓곤 한다.

분명히 그 길에는 여러 장애물이 있다. 이제 그 장애물들을 하나씩 다루어 보자.

* 우리 교회를 깨우는 세 가지 나눔

1. 그리스도의 몸에 속한 지체가 되는 일은 무엇을 의미하는가?

2. 고린도전서 13장의 내용은 교회의 지체 됨과 어떻게 연관되는가?

3. '가족'이 교회의 성격에 관한 바람직한 은유로 쓰일 수 있는 이유는 무엇일까?

3.

뒷전으로 밀린 교회
: 뒤바뀐 우선순위의 비극

"우리는 스파르타인들이다!"

내가 고등학교 미식축구팀 동료들과 함께 이 구호를 외친 지도 거의 반 세기가 흘렀다. 당시 나는 졸업학년이 되기 직전이었고, 우리는 2승 8패라는 처참한 성적으로 전 시즌을 마친 후였다. 그때 우리 팀을 지켜보던 대부분의 사람들은 그 이듬해의 전망이 더 어두울 것이라고 예측했다. 한 신문은 우리가 다음 시즌에 1승도 거두지 못하리라고 내다보기도 했다. 우리는 그런 사람들의 판단을 탓할 수가 없었다. 애초에 우리 팀의 수준이 형편없었던 데다가, 쿼터백을 비롯해서 가장 실력이 나았던 전년도의 몇몇 선수들이 팀을 떠났기 때문이다.

나는 이전 해에 라인배커에서 러닝백으로 포지션을 옮긴 상태였다. 이는 내 실력이 좋아서가 아니라, 우리 팀에 다른 선택지가 딱히 없었기 때문이다. 그런데 그 시즌 이후 우리 팀에 무언가 변화가 생겨났다. 그해 봄에 곧 졸업반이 될 학생들이 한데 모여 일종의 결의를 다졌던 것이다. 우리는 팀을 위해 온전히 헌신하기로 하고 봄과 여름 내내 자발적인 훈련을 진행했다. 웨이트 트레이닝과 달리기, 다양한 작전 습득 등이 그 내용이었다.

이러한 결의 덕분에, 늦여름 내내 이어진 하루 두 차례의 고된 훈련에도 단 한 명의 낙오자가 없었다. 우리는 어느 때보다 더 좋은 몸 상태를 유지했다. 각자에게 요구되는 플레이와 패스 경로를 완벽히 숙지했으며, 각자의 블로킹 임무도 정확히 알고 있었다. 그리고 나는 지난 시즌 후반부터 맡게 된 러닝백 포지션의 기술들을 제대로 익히기 시작했다.

당시 팀의 코치였던 존(John) 선생님은 처음에 다소 흥미로운 시선으로 이런 우리의 모습을 바라보는 듯했다. 그분은 지난 오 년 사이에 세 번째로 부임한 우리 팀의 코치였으며, 지역 주민들 사이에서 그리 인기를 얻지 못했다. 주민들은 우리 팀이 계속 이기기를 원했지만 미처 그 기대를 채워 주지 못했기 때문이다. 아마 그분은 이번 시즌이 자신의 마지막 임기가 되리라고 여겼을 것이다. 전년도의 그 한심했던 상태보다도 기량이 더 낮아진 우리 팀이 시합에서 이길 가능성은 희박해 보였기 때문이다. 하지만 이렇게 노력하는 우리의 모습을 보면서, 존 선생님은 어렴풋한 희망을 품기 시작했던 것 같다. 선생님은 우리를 격려하고 동기를 부여하면서 의욕적으로 밀어붙이기 시작했다. 당시 시합 전에 "우리는 스파르타인들이다!"라는 구호를 외치게 한 것도 그분이었다.

그 시즌에 우리의 첫 홈 경기를 보러 온 관중들은 여전히 숫자가 적었지만 우리가 큰 점수 차로 승리하는 것을 보고 깜짝 놀랐다. 우리 팀이 5연승을 거두면서 관중의 숫자는 점점 더 늘어났고, 그 즈음에 우리는 주 전체에서 3위에 올라 있었다. 우리는 주위의 모든 사람들을 놀라게 했으며, 그것은 실로 경이로운 광경이었다.

역사 속 수적 열세 속에서도 끝까지 물러서지 않

왔던 그들처럼 우리는 끝까지 싸우는 전사들이었다. 그렇다. 우리는 스파르타인들이었다!

당시 우리가 스포츠 영화에서처럼 무패로 시즌을 마치면서 주 챔피언십을 차지했다면 참 좋았을지 모르겠다. 하지만 그런 일은 일어나지 않았다. 우리는 시즌 후반에 전통적인 두 강팀에게 지고 8승 2패로 정규 시즌을 마쳤다. 다만 그 뒤에 주 챔피언십의 8강전까지 진출한 것 역시 사실이었다.

정말 예상 밖의 시즌이었고 우리는 아무도 기대하지 못했던 이야기를 만들어 냈다. 우리 팀의 성공과 함께, 나는 전진 플레이의 영역에서 주 4위를 기록했다. 체중이 겨우 72킬로그램인 우리 팀의 가장 작은 라인맨은 주 대표팀에 뽑혔고, 이번 시즌에 처음 쿼터백을 맡았던 선수도 놀라운 활약을 펼쳤다. 우리 팀의 풀백은 라인배커의 포지션도 함께 맡았으며, 팀의 최우수 선수로 선정되었다.

우리는 실로 스파르타인들이었다! 우리는 모두 팀의 활동에 철저히 헌신되어 있었다. 실로 고된 과정이었지만 기꺼이 스스로를 희생했다. 모두들 기분이 내키지 않을 때도 매일의 훈련에 참여했고, 각자의 입장보다 팀의 형편을 우선시했다.

그러면 이것은 우리가 교회에서도 자주 접하는 모습일까?

꼭 그렇지만은 않다. 지금 많은 이들에게 교회는 그저 부차적인 고려사항일 뿐이다. 우리는 어디서도 사람들이 이렇게 외치는 모습을 찾아보기 어렵다. 패배감에 젖어 있던 고등학생들이 "우리는 스파르타인들이다"라고 외치며 일어섰던 것처럼, 오늘 우리도 세상을 향해 "우리는 교회의 지체들이다!"라고 외쳐야 하지 않겠는가?

과연 지금 어떤 일이 벌어지는 것일까? 그리스도의 몸인 교회가 이처럼 최소한의 중요성만을 띤 선택적인 모임으로 격하되어 버린 이유는 무엇일까? 지금 여러 교인들이 교회 출석을 스포츠 경기 관람이나 지역 시장 구경, 또는 편안히 늦잠을 자고 싶은 욕구로 인해 쉽게 무산될 수 있는 하나의 평범한 활동으로 여기게 된 이유는 무엇일까? 이제 무엇이 교회에 대한 우리의 헌신을 약화시키며, 그 일은 어떻게 이루어지는지를 살펴보자.

무엇이 교회에 대한 우리의 헌신을 약화시키는가

이 '무엇' 가운데는 그 헌신의 우선순위 면에서 교회를 압도해 온 다른 활동이나 조직들이 포함된다. 우리를 교회에 대한 헌신에서 벗어나게 만드는 네 가지 주요 활동 또는 장애물들이 있다.

첫 번째 장애물: 자녀들을 위한 활동

나는 여러 가정에서 자녀들의 축구나 농구 시합이 주일 아침에 잡힌 것을 푸념하는 말을 종종 접해 왔다. 하지만 그런 운동 종목들을 탓할 필요가 없다. 애초에 각 가정의 부모들이 그 일을 용인하거나 심지어 장려하지 않았다면, 각 종목의 주관 단체들도 교회의 예배 시간과 겹치게끔 일정을 계획하지는 않았을 것이기 때문이다.

간단히 말해, 만약 그리스도인들이 자녀들의 교회 출석을 경기 참여보다 우선시했다면 각 리그들도 다른 날짜에 시합 일정을 잡아 보았을 것이다. 그리고 원정 경기를 떠났더라도 주일 이전에는 집에 돌아올 수 있었을 것이 분명하다. 그렇기에 우리는 그 팀과 단체들을 탓할 수가 없다. 오히려 그것은 부모들의 선택에 달린 문제이다.

그러면 교회 출석이 우리 아이들에게 그렇게 중요할까? 한 마디로 말해, 정말 그러하다. 교회에 다니는 아이들이 정서적으로나 신체적, 사회적인 측면에서 훨씬 더 건강한 모습을 보인다는 뚜렷한 증거들이 있다. 이 주제에 관해 그간 수행된 여러 연구 중에는 2018년에 하버드 대학교 T. H. 챈 공중보건 대학원의 두 연구자가 수행한 것이 있다.[1] 그들은 매주 종교 예식에 참석한 어린이와 청소년들의 삶에 초점을 두어 살폈으며, 이를 통해 다음의 놀라운 결과들을 알아냈다.

o 그 어린이와 청소년들은 이후에 우울 증상을 보일 가능성이 낮았다.
o 그 어린이와 청소년들은 흡연율이 낮았다.
o 그 어린이와 청소년들은 불법 약물을 사용할 가능성이 낮았다.
o 그 어린이와 청소년들은 성병에 감염될 가능성이 낮았다.

연구자 중 하나인 잉 첸(Ying Chen)은 이렇게 결론지었다. "이런 발견들은 인간의 건강과 양육 방식에 관한 우리의 이해에서 중요한 의미를 지닌다. … 지금 많은 아이들이 종교적으로 양육되고 있으며, 우리의 연구는 이것이 그들의 건전한 행실과 정신 건강, 나아가 전반적인 삶의 행복과 유익에 강력한 영향을 미칠 수 있음을 보여 준다."[2]

와우(신앙의 유익이 데이터로 증명되다니!). 이 연구에 따르면, 그보다 앞서 이루어진 여러 연구들도 꾸준한 교회 출석이 조기 사망률의 감소와 밀접히 연관됨을 보여 주고 있다. 이는 실로 놀랍고 압도적인 증거들이다.

우리 자녀들의 시간과 관심을 소진시키는 또 다른 활동은 바로 소셜 미디어의 사용이다. 아이들이 스마트폰 중독에서 벗어나서 교회에 나오게끔 인도하는 일의 중요성에 관해 의문이 있다면, 내 책 *The Anxious Generation Goes to Church*(불안한 세대가 교회에 가다)를 읽어 보기 바란다. 이 책을 집필할 때, 나는 〈뉴욕 타임스〉 지의 베스트셀러인 조너선 하이트의 《불안한 세대》(*The Anxious Generation*)에 담긴 연구 결과들을 참조하면서 교회에 출석하는 청년들에 관해 추가 조사를 행했다. 우리 자녀들을 교회로 데려가는 주된 동기는 물론 그들을 예수 그리스도와의 지속적인 교제 가운데로 인도하기 위함이다. 그런데 그 과정에서, 아이들은 정서적으로나 신체적으로도 많은 혜택을 받는다.

물론 나는 많은 부모들이 좋은 뜻에서 자녀들을 다양한 방과 후 활동에 참여시킨다는 점을 의심하지 않는다. 그들은 자녀들을 깊이 사랑하며, 그 아이들이 여러 방면에서 고르게 성장해서 건강하고 행복한 삶을 누리기를 바란다. 하지만 솔직히 말해, 어떤 부모들은 자신들의 못 이룬 꿈과 욕망을 대신 성취하게끔 하기 위해 여러 활동에 억지로 참여시키기도 한다. 예를 들어 자녀에게는 어떤 운동 경기에 나갈 뜻이 없을 때도, 부모들이 그 자녀의 삶을 통해 자신의 명예욕과 야심을 추구하는 것이다.

그런 활동들이 교회 출석의 장애물이 될 때, 부모들은 사실상 자녀들의 삶에 해를 끼치는 것이다. 꾸준한 교회 활동이 중단될 경우, 아이들은 우울증에 걸리거나 담배를 피우고 불법 약물에 중독되며 성적인 위험에 처할 가능성이 높아진다. 우리는 모두 이것이 사실임을 마음속으로 잘 알며, 이는 성경에서 이렇게 말씀하는 바와 같다. "마땅히 행할 길을 아이에게 가르치라. 그리하면 늙어도 그것을 떠나지 아니하리라"(잠 22:6).

자녀들에게 가르쳐야 할 이 삶의 길 가운데는 교

회에 성실히 출석하는 일도 포함되며, 이는 위의 연구 결과들을 통해 뒷받침된다.

두 번째 장애물: 여가 생활과 휴가

나는 휴가를 혐오하는 사람이 아니다. 가족과 함께 보내는 휴가를 무척 사랑하며, 거의 매년 우리 부부와 세 아들 가정이 함께 휴가를 즐기곤 한다. 이는 열여덟 명이 한데 모이는 다소 분주한 시간이지만, 늘 기쁨이 가득하다.

나는 휴가와 여행을 정말 좋아한다. 그런데 최근 몇 년 동안에 교회 생활에 잘 참여하는 교인들 가운데서 다소 우려되는 추세가 나타나고 있다. 나는 플로리다주 팬핸들 지역의 한 교회를 담임하는 친구 찰리(Charlie)를 통해 이런 상황을 알게 되었다. 그의 교회는 백사장과 에메랄드빛 바다가 펼쳐진 지역에서 삼킬로미터 정도 떨어진 곳에 있다. 이제 그곳은 하나의 관광 명소가 되었으며, 많은 이들이 그 동네에 별장과 콘도를 짓고 꾸준히 찾아오곤 한다.

찰리는 이렇게 말했다. "여러 해 동안 봄과 여름마다 많은 관광객들이 우리 교회에 찾아왔어요. 전 세계에서 온 사람들을 만나는 것은 정말 멋진 일이었지요.

그런데 오 년 전쯤부터 그 수가 줄어들기 시작했어요."

"그 이유가 무엇일까요?" 내가 질문했다. "요즘 팬핸들 지역을 찾는 관광객이 줄었나요?"

"아뇨, 전혀 아닙니다." 찰리가 대답했다. "우리 지역은 여전히 관광객들로 북적입니다. 사실 그 어느 때보다 더 정신없을 정도지요. 그런데 사람들에게 그 이유를 물어보니 답이 뚜렷이 드러나더군요. 지금은 교회에 잘 다니던 교인들도 휴가 중에 예배 드리는 경우가 점점 줄어들고 있습니다. 일터에서 휴가를 냈기에 교회 출석도 잠시 중단해도 된다고 여기는 것 같아요."

나는 전에 다른 책에서, 어린 시절에 만난 아치발드(Archibalds) 씨 가족에게 깊은 인상을 받은 일을 이야기한 적이 있다. 당시 우리 가족은 휴가지에서 전혀 예배에 참석하지 않았으며, 원래 출석하던 교회에서도 그리 적극적으로 활동하지 않았다. 그런데 아치발드 씨 가족과 함께 휴가를 보내던 어느 주일날 아침 잠에서 깼을 때, 그분들이 모두 옷을 차려 입고 교회에 갈 준비를 하던 모습이 지금도 생생히 기억난다. 그때 나는 사람들이 휴가 중에도 교회에 간다는 것을 미처 몰랐다고 말했다. 그러자 그분들은 친절하게 웃으면서 이렇게 답해 주었다. "그랬군요. 휴가 중에 교회를 갈 필요가 없다고 생각할 수도 있다는 사실을 제가 미처 몰랐네요."

이처럼 휴가와 여가 활동은 조금씩 교회 출석의 장애물이 되어 왔다. 그리고 많은 가정들의 재정적인 소득과 여유가 점점 더 늘어나면서, 이전보다 더 많은 여행을 즐기곤 한다.

세 번째 장애물: 일

2017년의 한 〈포브스〉지 기사에 따르면, 현재 직장에 다니는 미국인의 칠십 퍼센트가 매달 한 번 이상 주말에 일한다고 한다. "주말 근무가 새로운 표준이 된 것은 좋지 않은 현상"이라는 제목이 달린 이 기사의 요점은 그로 인해 우리가 여가 시간을 상당 부분 빼앗기고 있다는 것이다. 25-44세 사이의 응답자 중 사분의 삼 정도는 "주말에도 본인의 업무에 관한 생각을 멈출 수가 없다"고 밝혔으며,[3] 실제로 직장에 있거나 이메일을 확인하지 않을 때도 그러하다고 말했다.

이 '쉬는 날이 없다(never-off-work)'는 사고방식이 확산된 또 하나의 주요 원인은 사회 전반에서 자영업자들과 프리랜서들이 늘어난 데 있다. 〈포브스〉지의 다른 기사에 따르면, 2019년의 특정 시점에 약 사천사백만 명의 미국인이 자영업 종사자였다.[4] 물론 자영업은 업무의 유연성과 자율성, 자신의 업체를 꾸려 가는 데서 오는 만족감 등의 유익과 혜택을 주기도 한다. 하지만 자신의 사업체를 운영하는 책임이 가져다주는 단점 역시 존재한다.

자영업자들은 회사에서 월급을 받는 이들처럼 휴가를 낼 여유가 없다고 느낄 때가 자주 있다. 그렇게 휴가를 내는 일은 자신의 수입을 포기하거나 사업의 기회를 얻고 인맥을 쌓을 시간을 뺏기는 것과 같다고 여기기 때문이다. 지금도 대부분의 교회들은 주일 아침에 예배를 드리는데, 자영업자들에게 이 시간은 밀린 업무를 처리하거나 한 주간의 고된 수고를 마치고 달콤한 늦잠을 즐기기에 알맞은 때로 여겨질 수 있다.

물론 과로는 자영업자들만의 문제가 아니다. 직장에 고용되어 월급을 받는 이들 역시 여러 이유에서 장시간 근무를 강요받을 때가 많다. 그렇기에 그들도 주일 아침에 밀린 집안일과 업무를 처리하거나 홀로 휴식을 취하는 편을 더 선호할 수 있다.

나는 최근에 펜실베이니아주의 한 목회자와 이야기를 나눈 적이 있다. 그는 자신이 사역하는 교회의 다섯 장로 중 네 사람이 주일 예배에 불규칙하게 참석하는 것에 관해 상당히 고심하고 있었다. 그들은 모두 직장 일이 너무 바쁘다는 이유를 댔던 것이다. 그가 조심스럽게 교회 생활을 중히 여겨야 하지 않겠느냐고 묻자, 한 장로가 이렇게 대꾸했다고 한다. "물론 그렇지요. 하지만 목사님도 아시다시피 일을 우선시할 수밖에 없습니다."

아이코(이럴 수가).

이런 사람들의 태도에 관해서는 나중에 더 이야기해 보려 한다.

네 번째 장애물: 자신과 가족을 위한 시간

물론 우리에게는 혼자만의 휴식이나 가족과 함께하는 시간들이 필요하다. 나는 그 점을 충분히 이해하고 동의한다. 그런데 문제는 그 시간이 어디서 나와야 하는지에 있다.

최근 몇 년간, 나는 교회에 잘 출석하던 교인들 사이에서 조금씩 태도의 변화가 나타나는 것을 목격해 왔다. 혼자만의 휴식이나 가족과의 시간을 교회에서 보내는 시간과 대립하는 듯이 여기는 것이다. 하지만 이전에도 늘 그래 왔던 것은 아니다.

역사적으로 살필 때, 과거의 성도들은 교회 공동

체와 함께하는 시간을 신앙 안에서 제자로 성장할 수 있는 좋은 기회로 여겨 왔다. 그들의 관점에서, 매주 다른 신자들과 함께 모이는 데 헌신하는 일은 진정한 쉼을 누리면서 중요한 일들에 마음을 쏟는 성경적인 방식이었던 것이다. 나아가 그들은 온 가족이 함께 교회에 가는 것을 가족과 시간을 보내는 최상의 길로 여겼다.

하지만 오늘날 많은 교인들은 자신과 가족을 위한 시간을 교회에서 보내는 시간과 서로 충돌하는 것으로 여긴다. 이는 진정한 공동체나 삶의 의미와 목적이 지역 교회 안에서 발견된다는 성경의 관점과 상반되는 사고방식이다.

우리는 어떻게 이 지경에 이르렀는가

그러면 이런 일들이 어떻게 생겨난 것일까? 적어도 다음의 여섯 가지 원인을 지적하고 싶다.

첫 번째 원인: 뒤바뀐 우선순위

내가 곧 마흔두 번째 책을 쓸 것이라는 말을 듣고 한 친구가 이렇게 물었다. "그렇게 많은 책을 쓸 시간이 어디서 나오나요?" 내 대답은 다소 냉소적으로 들렸을지 모르지만 간단했다. "시간을 내서 글을 쓰는 거죠."

경솔하게 답하려던 것은 아니었다. 하지만 내가 그 책들을 쓸 수 있는 이유는 실제로 이 일을 위해 미리 시간을 떼어 두기 때문이다. 지금 나는 예전보다 더 빨리 원고를 완성할 수 있으며, 이는 꾸준한 연습 덕분이다. 하지만 책을 쓰기 위해서는 여전히 내 일정표에 글쓰기 시간을 따로 마련해 두어야 한다. 만약 그 일이 일정표에 적혀 있지 않다면 그것은 우선시되는 작업이 아니며, 그 작업을 우선시하지 않을 때는 그 일이 결코 이루어지지 않는다.

한때 교회 생활에 적극 참여했던 많은 교인들에게, 이제 교회 출석은 하나의 선택적인 활동이 되어 버렸다. 그들은 자신이 '정말 중요시하는' 일들을 마친 뒤에 남은 시간의 일부만을 교회 생활에 할애한다. 나는 이렇게 교회에 참여하는 이들의 태도를 '부스러기 정신(the leftover mentality)'으로 지칭한다. 간단히 말해, 우리는 누구나 자신이 중요하게 여기는 일에 시간을 투자한다. 그러나 이 교인들은 자신이 속한 교회를 더 이상 소중하게 여기지 않는 것이다.

두 번째 원인: 더 많은 선택지

나는 디즈니랜드가 아직 없었던 시절을 기억할 수 있을 정도로 나이가 많다. 그 유명한 테마파크는 내가 열여섯 살이었던 1971년에 개장했다. 그 이전 시절에, 우리 가족에게는 딱히 즐길 것이 많지 않았다. 그저 몇 주간 플로리다주의 팬핸들 지역으로 여행 가는 것이 최대한의 오락거리였다. 나는 1972년에 처음으로 디즈니랜드를 가 보았는데, 그곳은 정말 하나의 마법 세계와도 같았다. 그때의 놀라운 기억이 지금도 생생하다.

오늘날에는 그 시절의 내가 도저히 상상할 수 없었을 정도로 다양한 여행과 즐길거리가 생겨났다. 최근에 한 지인이 우리가 거주하는 내슈빌 지역에서 체험할 수 있는 즐길거리들의 목록을 만들었는데, 그 속에는 일흔 개가 넘는 관광 명소와 활동이 포함되어 있었다. 이는 이 지역 주민들이 자신의 거주지를 멀리 벗어나지 않고도 일 년 이상 교회 출석 대신에 다른 활동을 택해 누릴 수 있음을 의미한다.

이제껏 많은 교회들이 이 현대적인 오락과 여가 활동의 세계와 경쟁하면서 사람들을 교회로 끌어들이려고 애써 왔다. 처음에는 그 접근법이 어느 정도 효

과가 있었지만, 시간이 지나면서 서서히 힘을 잃기 시
작했다. 이는 교회의 참된 목적이 사람들을 즐겁게 하
는 데 있지 않기 때문이다. 교회들이 실제로 관심을
두어야 할 곳은 그 오락의 영역이 아니다.

세 번째 원인: 각 가정들의 늘어난 소득

다소 복잡해 보일 수 있지만, 각 가구의 소득을 측
정하는 방식에는 여러 가지가 있다. 세전과 세후 소득
중 어느 쪽을 택할 것인가? 그 소득에는 현재의 인플
레이션 지수가 반영되어 있는가? 가구원의 수를 고려
하는가? 중앙값과 평균값 중 어느 것을 활용하는가?
그리고 우리가 속한 지역 사회의 인구 통계는 그 측정
에 어떤 영향을 미치는가?

여기서 우리는 그 세부사항들을 따지지 않고도 다
음의 몇 가지 결론을 내릴 수 있다. 첫째, 오늘날의 가
정들은 수십 년 전보다 재정적 여력이 더 많다. 둘째,
이전보다 늘어난 소득이 모든 가구에 고르게 분배된
것은 아니다. 셋째, 저소득층과 중산층 가정의 소득
증가율은 분명히 둔화되고 있다.

일반적인 관점에서, 오늘날의 가정들은 예를 들
어 이십 년 전의 경우보다 더 많은 돈을 쓸 수 있다.

고급 텔레비전처럼 전에 쉽게 구입할 수 없었던 품목들의 가격도 급격히 떨어졌고, 그 밖의 여러 오락 수단들도 저렴해졌다. 이제 우리는 집 바깥으로 나가지 않고도 최신 영화와 TV 프로그램을 마음껏 즐길 수 있게 되었다.

이전의 요점을 다시 강조하자면, 이 가구 소득의 증가와 각종 오락을 접할 기회의 확대가 맞물리면서 교회 출석률 감소에 주된 영향을 끼쳤다. 이 일은 아마 교회에 대한 여러분의 헌신이 약화되는 데에도 기여했을 것이다. 오늘날에는 주일날 교회에 가는 대신에 다른 곳에 가서 다른 일들을 즐기는 것이 훨씬 더용이해졌기 때문이다.

지금은 많은 성도들이 각종 오락과 여행, 다양한 물품 구입 등에서 삶의 의미와 목적을 추구하고 있다. 그들은 그중 어느 활동에서도 그것들을 발견하지 못하지만, 애쓰다 보면 언젠가는 마침내 그 의미와 목적을 붙잡게 되리라고 여기는 듯하다. 그들은 계속 더 많은 여행과 휴가를 떠나며 불필요한 물건을 사들이지만, 그런 다음에는 다시 공허한 상태로 남곤 한다.

이들은 진정한 삶의 목적과 성취가 오직 교회에서 그리스도를 섬기는 일을 통해서만 주어질 수 있다는 것을 언젠가 깨닫게 될까? 그들은 참된 만족이 어떤 휴가나 오락거리 속에 있지 않고, 다만 각 교회의 신앙 공동체 속에서만 발견될 수 있음을 헤아리게 될까?

그리하여 그들은 마침내 교회로 돌아오게 될까? 아직은 대부분의 신자들에게서 그런 모습을 보기 어렵다.

네 번째 원인: 문화적인 변화

지금 여러분의 나이가 서른 살 이상이라면, 지난 몇 년 동안에 교회 참여에 대한 미국 문화의 전반적인 태도가 극적으로 달라졌음을 아마 눈치 챘을 것이다. 이십 년 전만 해도 미국 대부분의 지역에서 교회 출석에 대한 시각은 대체로 긍정적이었다. 동네 교회의 일원이 되는 것이 대부분 좋은 일로 여겨졌던 것이다.

만약 그 당시에 여러분이 교회에서 적극적으로 활동하지 않았다면, 굳이 그 사실을 드러내려 하지 않았을 것이다. 오히려 이웃들의 눈총을 사지 않기 위해 그 일을 조용히 숨겼을 가능성이 크다.

하지만 지금은 상황이 명백히 역전되었다. 이제 사회 전반에서는 교회 생활에 참여하든 그렇지 않든 간에 전혀 신경 쓰지 않는다. 여러분이 아예 교회 출석을 그만두어도 주위의 이웃과 친구, 동료들은 잘 눈치 채지 못하고, 그 사실을 알게 되더라도 일절 참견하지 않을 것이다.

그리고 우리 문화의 일부 영역에서는 교회 출석에 관한 태도가 그저 중립적인 무관심으로 바뀐 데 그치지 않았다. 오히려 그 태도가 부정적인 쪽으로 변화되었다. 지금 우리 사회에는 기독교와 교회 모두에 대해 적대적인 자세를 취하는 집단들이 존재한다.

여기서 내 요점은 더 이상 교회에 다니지 않는 일이 문화적인 금기사항으로 여겨지지 않는다는 데 있다. 이제는 교회 활동을 줄이거나 아예 교회를 떠나는 일이 그리 어렵지 않게 되었다. 이런 사회 전반의 태도는 각 교회에서 신자들의 헌신이 약화되는 문제에도 깊은 영향을 미치고 있다.

하지만 이 모든 문제와 갈등 속에서도, 지역 교회는 여전히 세상을 돌보며 복음을 전파하기 위한 하나님의 플랜 A로 남아 있다. 우리가 참된 삶의 의미와 목적, 존재의 가치를 발견하며 풍성한 공동체의 교제를 누리는 일에서도 교회는 여전히 그분의 플랜 A(최선의 방책)로 머무른다.

사람들이 내가 어떤 일을 하며 무엇에 관해 글을

쓰는지를 알게 되면, 대개는 열린 마음으로 신앙과 교회 생활의 문제들을 상담해 오곤 한다. 잭(Jack)도 예외는 아니었다. 일 년 전쯤 처음 만났을 때, 그는 형식적인 교회 생활에 만족하는 그리스도인이었다. 하지만 그는 우리 교회의 예배와 소모임에 참석하라는 내 권유를 기꺼이 받아들였고, 이후 팬데믹 기간에도 매주 줌 성경공부와 온라인 예배에 꾸준히 참여했다.

잭이 신자답게 자라 가는 모습을 지켜보는 것은 무척 보람된 일이었다. 그는 우리 교회의 활동에 참여했던 일이 자신의 영적 성장에 결정적인 역할을 했음을 확신하고 있다. 나는 그의 삶에서 그런 변화를 분명히 목격했다. 그리스도께서 우리 교회와의 만남을 통해 그의 삶 속에 새롭고 참된 기쁨과 목적을 가져다주시는 것을 보게 된다. 이제 그에게는 자신을 영적으로 늘 보살피며 함께 기도해 주는 신자들의 공동체가 있다.

내 요점은 이러하다. 당시 잭은 교회 생활에 참여해야 한다는 어떤 문화적인 압박도 받지 않는 상태였다. 따라서 그는 이전처럼 형식적인 기독교인으로 머물 수도 있었을 것이다. 하지만 그는 신자들의 공동체에서 함께 교제하며 섬기는 일이 자신과 다른 이들 모두에게 유익하다는 것을 발견했다.

세상 문화는 지금 교회들이 겪는 식어 버린 헌신을 회복하는 데 별 도움을 주지 않을 것이다. 현재의 문화는 우리의 교회 참여를 결코 지지하거나 권장하지 않는다. 하지만 다른 한편으로, 우리는 역사적으로 교회들이 가장 효과적으로 사역한 것은 곧 당시의 문화를 거스를 때일 경우가 많았다는 점을 염두에 두어야 한다.

자신의 동네 교회에 온전히 헌신하며 소통하는 이들은 누구나 새로운 삶의 목적과 기쁨을 발견할 것이다.

이에 관해서는 잭이 그 증인이다.

다섯 번째 원인: 교회의 굴복

나는 교회가 과거에는 신자들에게 헌신을 기대했으나 그후 세속 문화에 굴복하게 된 결정적인 순간이나 사건을 확실히 지적할 수 있으면 좋겠다. 물론 이것이 다소 강한 표현이며, 이 점에서 예외가 되는 교회들이 있음을 안다. 하지만 지금 많은 교회들은 체념한 것으로 보인다. 이제 그 교회들은 성도들이 교회 생활을 자신들의 우선 순위로 삼기를 기대하기보다, 그저 그들의 부스러기 시간만이라도 취하는 데 만족하는 듯하다.

어쩌면 여러분도 교회에 대한 헌신을 점점 더 내려놓는 쪽으로 움직여 왔을지 모르겠다. 지금 주위의 환경을 돌아볼 때, 여러분은 더 깊은 헌신을 격려하는 이들의 말이나 행동을 거의 접해 본 적이 없었음을 깨달을 것이다. 이는 마치 교회에서 여러분의 소극적인 참여만으로도 충분하다고 여기는 듯한 느낌을 준다.

지금 각종 스포츠 팀과 시민 단체, 비영리 조직의 이사회들은 대개 관련자들의 뚜렷한 헌신을 기대한다. 그런데 교회에서 그런 기대를 품지 말아야 할 이유는 무엇일까? 왜 교회들은 교인들을 향한 기대를 제대로 드러내지 못하게 되었는가?

이 기이한 현상의 이유에 관해서는 내 나름의 생각이 있지만, 중요한 문제는 대부분의 교회들이 품은 기대의 수준이 너무 낮다는 데 있다. 교회는 하나님이 이 땅에서 그분의 사역을 수행하도록 남겨 두신 유일한 조직이며, 그 과업 중 하나는 이 세상 문화에 접촉해서 그것을 변화시키는 데 있다. 하지만 지금 교회가 오히려 그 문화에 굴복해 버린 것은 실로 안타까운 일이다.

지금은 많은 교회들이 교인 됨의 의미를 축소한

나머지 그 개념이 무의미해질 정도가 되었다. 일부 교회 지도자와 교인들은 교인 됨의 개념 자체가 타당하지 않다고 하기까지 한다. 하지만 사도 바울은 그 주장에 동의하지 않았을 것이다. 교인 됨의 성경적인 의미를 헤아리기 위해서는 앞서 다루었던 고린도전서 12장 본문을 다시 살펴보라.

지금 교인들 가운데서 헌신이 감소하는 주된 이유로는 다음의 세 가지가 있다. 첫째, 지금 많은 교인들은 자신의 교회에 대한 헌신이 그리 중요하지 않다고 여긴다. 둘째, 오늘날의 문화는 교회에 헌신하지 않는 일을 쉽고 바람직한 것으로 만들어 버린다. 그리고 셋째로, 지금 많은 교회들은 그 교인들에 대한 기대 수준을 대폭 낮춘 상태에 있다. 이처럼 자신의 삶이 달라지든 아니든 간에 별 관심을 쏟지 않는 집단의 일원이 되기를 원하는 이가 어디 있겠는가?

여섯 번째 원인: 코로나19 팬데믹

팬데믹의 확산은 교회 헌신의 약화 문제에 긍정적으로 작용하지 않았다. 실제로 어떤 이들은 이 팬데믹을 지금 우리가 목격하는 헌신 감소의 주된 원인으로 여기기도 한다.

당시 여러 달 동안 교회의 성도들이 직접 모여 예배할 수 없었던 것은 사실이다. 많은 이들이 온라인 예배를 시청했는데, 그 속에서는 대면 모임에서 누리는 역동적인 교제를 찾아볼 수 없었다. 그리고 새로운 예배의 습관들이 생겨났다. 이제 신자들은 잠옷을 입은 채로 예배를 드렸으며, 부지런히 교회에 갈 채비를 하기 위해 아이들과 씨름할 필요도 없었다. 굳이 교회당에 찾아가는 번거로움 없이 주일 하루를 온전히 즐기게 된 것이다. 이는 성도들이 최소한의 헌신만으로 만족하기가 쉬워졌음을 뜻했다.

나는 코로나19를 교회 헌신 감소의 주 원인으로 여기는 이들의 관점을 이해하지만, 이에 관해 조금 다른 생각을 품고 있다. 나는 그 팬데믹 이전부터 이미 그런 경향이 나타나고 있었다고 본다. 코로나19로 인한 문제들이 그 일들 자체의 원인이라기보다는 일종의 촉매제가 되었다는 것이다. 다시 말해, 결국 우리는 언젠가 지금처럼 헌신 감소를 겪는 상황에 이르렀을 것이다. 단지 예기치 않게 닥쳐온 팬데믹과 격리가 그 추세를 가속시키는 역할을 했다. 코로나19 자체가 신자들의 헌신 감소를 낳은 것은 아니며, 다만 그 현상을 더욱 촉진했을 뿐이라는 것이 내 관점이다.

진실로 더 깊은 무언가를 찾기 원하는가

여기서 나는 청소년기와 청년기에 그릇된 삶의 해답들을 좇았던 자신의 경험을 이야기해 보려 한다. 당시 나는 무언가를 간절히 찾았지만, 우리 문화에서 제시하는 해답들은 다 소용이 없었다.

그러다 아내와 결혼한 뒤 첫 아이가 태어나기 직전에, 나는 어느 교회에 출석하게 되었다. 내가 십대 시절에 그리스도인이 된 이후 처음으로 지역 교회에 속하게 된 순간이었다. 나는 성경공부 모임에 참석하기 시작했고 예배도 빠짐없이 드렸으며, 중보기도 사역과 지역 사회 봉사에도 참여했다.

당시 나는 교회 생활에 참여해야만 한다는 일종의 압박감을 느꼈던 것이 아니다. 나 자신이 그 일을 간절히 원했다. 나는 동네 교회에 속해 그 활동에 참여하는 과정에서 깊은 영적 자양분을 얻었다. 그 활동은 내 힘을 소진시키지 않고 오히려 새로운 활력과 에너지를 불어넣어 주었던 것이다. 마음 깊은 곳에서, 나는 혼자서는 이룰 수 없는 훨씬 더 큰 어떤 일의 일부가 되었음을 느꼈다. 나는 하나님을 위한 사명을 수행하고 있었으며, 마침내 진정한 공동체와 삶의 목적을 발견한 상태에 있었다. 이전에 갈망했던 그 무언가를 찾아가고 있었던 것이다.

가끔은 교회 생활에서 낙심하거나 좌절할 때도 있
었는데, 이는 주로 내가 교회로부터 무언가를 얻으려
했기 때문이었다. 하지만 '받는 자'보다는 '주는 자'가
되는 쪽을 택했을 때, 나는 진실로 더 큰 삶의 목적과
이유를 발견하였다.

물론 나는 그 교회가 완벽한 곳이 아님을 이내 깨
닫기도 했다. 실제로 내가 이후에 담임 목사로 섬긴
교회들 역시 완벽하지는 않았다. 언젠가 내 막내 아들
제스도 지적했듯이, 나처럼 불완전한 죄인이 목회자였
기에 그 교회들 역시 완전할 리가 없었던 것이다.

우리는 동네 교회들이 저마다 다양한 문제들을 안
고 있다는 사실을 회피할 수 없다. 여러분이 어떤 교회
의 활동에 깊이 참여할 때, 그 교회가 겪는 부정적인 문
제들을 더 뚜렷이 보게 될 것이다. 다만 그 점은 세상
에 있는 어떤 조직과 일터, 가정의 경우에도 마찬가지
다.

그러니 어떤 교회도 완벽해질 수는 없다는 점을
인정하기로 하자. 모든 교회들은 저마다 다양한 문제
앞에 직면하기 마련이며, 우리는 곧 그 난점들을 자세
히 다루어 볼 것이다. 지금 여기서는 다만 다음의 질

문을 숙고해 보자. '우리는 정말로 교회에서 삶의 참된 의미와 목적, 온전한 공동체를 발견하게 되는가?' 성경은 이에 대해 매우 분명하게 '그렇다'고 말한다.

* 우리 교회를 깨우는 세 가지 나눔

1. 여러분은 교회 출석이 아이들의 정서적인 건강과 영적인 건강, 신체 건강에 중요한 역할을 하는 이유를 무엇으로 생각하는가?

2. 교회에 대한 우리의 헌신을 약화시키는 장애물들을 되짚어 보라. 그중에서 여러분이 특히 씨름해 온 문제로는 어떤 것들이 있는가?

3. 코로나19 팬데믹의 여파가 향후 십 년간 교회들에 어떤 영향을 미칠 것이라고 생각하는가?

4.

'하지만 교회는
문제가 많잖아요'에 대한
솔직한 답변

교회마다 겪는 문제의 정도는 다를지 몰라도, 모든 교회에는 크고 작은 문제가 있다. 나 자신의 이야기가 바로 이 고통스러운 현실을 잘 보여 준다.

나는 고교 시절에 미식축구 코치를 통해 복음을 접한 뒤에 그리스도를 따르게 되었다. 하지만 당시 내가 한 지역 교회에 속하기까지의 과정은 그리 순탄하지 않았다. 아니, 순탄하지 않았다는 말로는 부족하다. 그리스도인이 된 후 지역 교회에 들어가려 했던 내 첫 경험은 말 그대로 재앙이었다.

나는 회심 이전부터 가족들과 함께 어느 정도 꾸준히 교회에 다니고 있었다. 하지만 새롭게 신자가 된 나는 이전과는 다른 방식으로 주위의 그리스도인들과 교제하려는 강한 열망을 품었다. 그러나 당시 내가 속했던 교회는 엉망진창이었다. 교회의 운영회의에서 세 시간에 걸쳐 격론을 벌이고 투표한 뒤 마침내 갈라서기로 했던 때의 아픔을 지금도 생생히 기억한다. 당시 교인들은 서로 이름을 부르면서 울부짖다가 자리를 박차고 나가기도 하고, 심지어 욕설을 퍼붓는 이들도 있었다. 실로 참담한 광경이었다.

하지만 나는 여전히 약간의 기대를 간직한 채로 가족들과 함께 갈라져 나온 그 교회에 출석했다. 그런데 그 뒤에 어떤 일이 생겼는지 아는가? 우리가 다니던 그 교회 역시 또다시 분열되고 말았다.

이게 말이 되는 일일까?

그 시점에서 나는 교회 출석을 그만두었다. 십대 청소년이었던 나는 많은 것들로부터 해방되어 혼자만의 자유를 누리기 원했으며, 특히 교회에서 벗어나고 싶었다. 그리고 부모님도 굳이 나를 말리려 들지 않으셨다. 그 온갖 문제들을 겪은 뒤에도 교회에 계속 남아야 한다고 말씀하기가 쉽지 않았기 때문이다.

아마 여러분은 그 이후에 내 삶이 어떻게 흘러갔을지를 짐작할 수 있을 것이다. 당시 나는 누군가의 책임 있는 지도와 관심을 필요로 했던 어리고 연약한 그리스도인이었다. 그러나 지역 교회에 있는 다른 신자들의 돌봄을 받지 못한 채로 방치되면서 반항적인 존재가 되었다. 나는 떠들썩한 파티에 몰두하면서 모든 권위에 도전하기 시작했다.

이후 일부 문제적인 행동들 때문에 고등학교에서 퇴학 당할 위기에 놓였다. 나는 학교 이사회에 출석해서 선처를 간청했고, 그들은 약간의 자비를 베풀어 제적 처분을 유예하고 일련의 개선 조치를 이행하게 했다.

당시 지극히 비참한 상태였지만, 여전히 반항적인 태도를 품은 채로 대학에 진학했다. 내 삶의 방식도 이전처럼 엉망이었다. (미래에 아내가 될) 여자 친구가 이듬해 같은 대학에 입학했을 때, 그녀는 학교의 파티 문화나 내 삶의 방탕한 모습들을 감당하기 어렵다고 여겨 다른 곳으로 떠나갔다. 나는 큰 충격을 받았다.

넬리 조가 나를 버리고 떠났을 때 내가 즉시 정신을 차리고 돌이켰던 것은 아니다. 하지만 그 일은 내 삶의 전환점이 되었다. 그때 나는 깊은 마음의 상처와 고통을 느꼈다. 만약 당시 내게 조금이나마 하나님과 동행하는 삶의 지혜가 있었다면, 자신이 아버지이신 그분의 품 안으로 돌아가야 할 탕자임을 즉시 깨달았을 것이다.

하지만 나는 영적인 성장 대신 학업에 집중하기로 마음 먹었다. 완전히 나쁜 선택은 아니었지만 기도와 성경 읽기, 교회 생활에 마음을 쏟았다면 훨씬 더 유익했을 것이다. 다만 학업에 전념하면서 이제껏 나를 반항의 길로 이끌었던 일부 영향력에서 조금씩 벗어난 것은 사실이었다. 그렇기에 상당히 유익한 첫걸음이었으나 아직 온전한 상태와는 거리가 멀었다.

그때 나는 그리스도인이었지만 아직 영적으로 어리고 믿음이 전혀 성숙하지 않은 상태에 있었다. 그러나 아내 넬리 조가 다른 대학으로 옮겨 간 일은 변화의 촉매제가 되었다. 비록 내가 출석할 지역 교회를 곧바로 찾지는 못했지만 그리스도께서 내 삶의 방식을 바꾸어 놓는 그분의 사역을 시작하셨던 것이다. 떠들썩한 파티 대신 공부에 몰두하면서 내 삶이 달라지기 시작했다. 때로는 그 속도가 더뎠고 가끔씩 퇴보하기도 했지만, 그 변화 자체는 꾸준히 지속되었다.

당시 나는 넬리 조의 생각을 몰랐지만, 이후 그녀

는 우리의 관계에 대해 자신이 품었던 의심의 내용을 들려 주었다. 그 이전의 몇 년 동안, 그녀는 우리가 장차 결혼하게 되리라고 여겼다. 하지만 방탕했던 내 삶의 모습을 보면서, 과연 내가 그녀의 삶을 향한 하나님의 계획 속에 있는 것이 맞는지를 되묻게 되었던 것이다. 그러다가 내 생활방식이 조금씩 달라지는 것을 보면서 약간의 희망을 되찾았던 듯하다. 당시 내 삶에는 여전히 더 많은 변화가 요구되고 있었지만, 마침내 그녀는 내 청혼을 받아들였다.

우리가 결혼한 뒤, 넬리 조는 우리 가족이 정착할 동네 교회를 찾도록 부드럽게 나를 재촉하기 시작했다. 그리고 그녀가 첫 아이를 임신한 일은 내 삶의 결정적인 계기가 되었다. 이제 나는 한 아내의 남편일 뿐 아니라 한 아이의 아빠가 될 시점에 이르렀던 것이다. 이때 나 자신이 우리 가정의 영적인 리더가 되어야만 한다는 것을 깨달았다.

하지만 교회 생활로 되돌아가는 일이 늘 쉽고 용이했던 것은 아니다. 전혀 그렇지 않았다. 오히려 나는 이 땅의 교회들이 아직 완벽하지 않다는 점을 곧 발견했다.

"교회는 위선자들로 가득 찬 곳입니다!"

우리는 샘(Sam)이 태어나기 몇 달 전에 정말 마음에 드는 교회 공동체를 만났고, 나는 그곳에서 그리스도인답게 자라 가기 시작했다. 그 교회의 설교들은 정말 훌륭했고, 사십 년이 지난 지금도 그곳에서 만났던 목회자들과 여전히 잘 알고 지낸다. 그 교회에는 예배 방식을 둘러싼 치열한 다툼도 없었으며, 설령 그런 일들이 있었을지라도 당시 내 눈에는 띄지 않았다.

당시 젊은 청년이었던 나는 그리스도인의 삶이 혼자만의 모험이 아님을 조금씩 깨달아 가고 있었다. 하나님은 우리에게 지역 교회를 주셨으며, 그곳에서 우리는 예배와 교제를 누리는 동시에 주님의 제자로 자라 가고 섬김의 책임을 다하며 주위 사람들에게 복음을 증거할 수 있었다. 그리하여 우리 부부는 그 교회를 부지런히 오가게 되었다.

나는 그리스도를 따르는 자가 되었을 때 이미 영생을 얻었지만, 동시에 내가 이 땅에서 의미 있고 풍성한 삶을 누리는 것 역시 그분의 뜻임을 알고 있었다. 그리고 나는 그 복된 삶이 지역 교회의 활동과 뗄 수 없이 연관되어 있음을 조금씩 헤아리기 시작했다.

지금은 잘 기억나지 않는 어떤 이유로, 아내와 나는 부부 성경공부 반에 함께 가지 않고 서로 다른 소그룹(당시에는 이 모임들을 '주일학교 반'으로 불렀다)에 참여하기로 했다. 그녀는 젊은 여성 모임에 들어갔고, 나는 젊은 남자들로만 구성된 반에 있었다. 아마 아내는 그곳에서 내가 더 편안하게 잘 지내리라는 점을 알았던 듯하다.

당시 이 남자 교인들과의 교제는 내 삶에 큰 영향을 주었으며, 나 자신이 믿음 안에서 성장하고 있음을 느꼈다. 나는 화요일마다 새벽 다섯 시에 교회에 가서 한 시간씩 기도하기 시작했다. 그때 일찍 일어나서 나갔다가 집에 돌아와서 아내와 아들이 잠에서 깨는 모습을 보는 것이 무척 행복했다. 지역 교회에 속해 있는 일이야말로 그간 빠져 있던 내 삶의 마지막 퍼즐 조각이었던 것이다.

그런데 그때 갑자기 재앙이 찾아왔다. 다소 과장된 표현일 수 있지만 당시 실제로 그렇게 느껴졌다.

어느 날 식료품점에 갔다가 내가 속한 소그룹의 리더를 마주쳤다. 그는 내게 등을 돌리고 누군가와 이야기하는 중이었다. 당시 그가 썼던 정확한 표현들은 생각나지 않지만, 그들이 욕설을 섞어 가면서 대화하고 있었던 것만은 분명하다.

그때 내 마음이 완전히 무너졌다. 나는 그가 나를 보기 전에 얼른 돌아서서 그곳을 떠났다. 그러고는 집에 와서 아내에게 주일학교 교사로 섬기기까지 하는 그 위선자의 목격담을 이야기했다. 다시 그 모임에 갈 수 있을지, 심지어 교회에 계속 다닐 수 있을지조차 확신할 수 없었다. 그 가게에서 보고 들은 것들을 도저히 받아들일 수 없었기 때문이다. 그것은 교회의 '선량한 성도들'이 취할 만한 삶의 태도가 아니었다.

이때 아내는 자신이 교회에서 평생 겪어 온 일들을 들려 주었다. 그녀는 자신의 성장과정에서 목격한 일부 교인들의 위선을 언급했으며, 그중에는 교회에서 리더로 섬기는 이들도 포함되어 있었다. 아내는 또한 자신이 위선자일 때도 있었다고 고백했다. 그녀 역시 죄를 짓고 실수를 범했다는 것이다.

그런 다음에 아내는 차분하면서도 단호한 목소리로 나 역시 위선자임을 일깨워 주었다. 나도 늘 모범적이며 하나님을 영화롭게 하는 삶을 살지는 못한다는 것이었다. 이때 그녀는 나를 업신여기거나 훈계하는 어조로 나무라지 않았다. 다만 내 유익을 위해 정직하게 진실을 알려 주었을 뿐이다.

아이코(뜨끔).

이런 아내의 지적은 고통스러웠지만 내게 꼭 필요한 것이었다. 이때의 일은 그리스도를 믿는 내 삶에 또 하나의 중대한 전환점이 되었다. 이제 나는 교회 안에 위선자들이 있음을 개탄하는 대신에 그들을 위해 기도하기 시작했다. 다른 이들을 판단하기보다 하나의 본이 되려 했고, 주위 사람들의 결점을 지적하고 탓하는 대신에 하나님이 내 결점들을 고쳐 주시기를 간구했다.

한편 그 동안에도 나는 교회에서 여전히 위선자로 남아 있었다. 달리 말해, 아무 죄가 없고 온전한 상태에 이르지 못했던 것이다. 물론 나는 신앙 안에서 조금씩 자라 가고 있었지만, 아직 완전한 성숙과 거리가 먼 상태였다. 하지만 이와 동시에 나는 교회 안의 동료 위선자들을 사랑으로 품고 더불어 살아가는 법을 배웠다. 우리는 모두 조금씩 다듬어져 가는 작품들과 같았기 때문이다.

신약 성경은 교회 안의 위선을 감추거나 미화하지 않는다. 실제로 고린도전후서의 대부분은 악하고 위선적인 교회 구성원들의 허물을 다루는 내용이다. 사실 신약에서 내가 가장 좋아하는 본문은 빌립보서다.

그 책에서는 기쁨과 연합을 자주 언급하며, 나는 그 내용을 읽을 때마다 평온한 미소를 짓게 된다.

그런데 이처럼 기쁨에 찬 연합을 누렸던 빌립보 교회에도 위선이 존재했다. 당시 유오디아와 순두게라는 두 교인 사이에 구체적으로 어떤 갈등이 있었는지를 우리가 다 알 수는 없다. 하지만 실제로 심각한 문제였기에, 바울은 그 교회에 보낸 편지에서 이렇게 언급한다. "내가 유오디아를 권하고 순두게를 권하노니 주 안에서 같은 마음을 품으라"(빌 4:2).

나는 가끔 그 두 사람을 생각하면서 안됐다는 마음을 품기도 한다. 교회 안에서 다른 신자와 다투었다는 이유로 성경에 여러분의 이름이 영원히 기록되어 전해진다면, 과연 어떤 기분이 들겠는가? 지금도 이 두 사람의 이름을 따서 자기 자녀의 이름을 짓는 부모들은 거의 찾아보기 어렵다.

교회 안에는 늘 위선자들이 있기 마련이다. 이는 우리가 다 죄인이기 때문이다. 교회 안에는 항상 문제가 있을 것이며, 가족 안에도 (여러분 자신을 포함해서) 늘 위선자들이 있을 것이다. 하지만 그렇다고 해서 사랑하는 이들을 저버릴 이유는 없다.

오히려 성경은 우리가 서로 사랑해야 함을 가르친

다. 서로를 위해 기도하며 섬기고, 다른 이들을 우리 자신보다 먼저 생각해야 한다. 그리고 성경에서 사랑하라고 말씀하는 이 '다른 이들'이 결코 완전한 존재가 아님을 기억해야 한다. 그들은 우리와 마찬가지로 평범한 죄인이자 위선자일 뿐이다.

"제 영적인 욕구가 채워지지 않아요"

이 문제를 생각할 때마다 목회자들이 늘 안스럽다. 과거에는 교인들이 담임 목회자의 설교를 라디오나 텔레비전 설교자들의 메시지와 비교했었다. 오늘날의 목회자들은 팟캐스트 혹은 유튜브에서 활동하는 설교자들이나 그 메시지가 소셜 미디어에서 종종 공유되는 이들과 비교되곤 한다.

다음은 내가 운영하는 '처치앤서즈(Church Answers)'의 커뮤니티에서 활동하는 어느 목회자가 전해 준 사연이다. 그는 주일 설교를 전한 다음날인 월요일에 한 통의 이메일을 받았다고 한다.

목사님, 로마서 전체를 계속 설교해 나갈 계획을 말씀하셨을 때 정말 기대가 컸습니다. 제가 가장 좋아하는 성경 본문이거든요. 그런데 어제 로마서 1장 1-17절에 관해 전해 주신 첫 설교를 듣고 많이 실망했습니다. 몇몇 교리상의 요점을 놓쳤고 본문을 정확히 파악하지도 못하셨더군요. 지금 팟캐스트에서 왕성히 활동 중인 ○ ○ ○ 목사님의 로마서 설교들을 들어보시면 어떨까요? 그러면 본문 이해에 상당히 도움이 되실 겁니다. 저희는 더 제대로 된 말씀을 듣고 싶거든요.

목사님의 벗으로부터

휴…(절로 한숨이 나왔다). 그는 참 대단한 벗인 듯 싶다.

물론 그의 의도가 얼마간 이해가 되기도 한다. 목회자들은 자신의 회중에게 영적인 양식을 공급하는 일에 열심을 낼 필요가 있다. 그들은 분명히 시간을 들여 자신의 설교와 강의를 준비하고 그 일들을 위해 기도해야 한다. 하지만 어떤 목회자도 교인들의 기대를 전부 충족시킬 수는 없다. 대부분의 목회자는 어떤 이들이 선호하는 팟캐스트 설교자들과 견주기 힘든 처지에 있기 때문이다.

만약 여러분이 내 다른 책들을 읽었다면, 내가 목회자로 사역할 때 가장 아꼈던 교인 중 하나가 프랜시스 메이슨(Frances Mason)이라는 여성임을 알 것이다.

내가 세상에서 가장 탁월한 설교자라고 생각해 본 적은 없지만, 당시 늘 기도하면서 매주 시간을 들여 정성껏 설교를 준비했던 것은 사실이다. 그런데 어느 날은 설교를 마친 뒤 정말 끔찍한 기분이 들었다. 그 설교를 완전히 망쳤음을 알았기 때문이다. 나는 그 좌절감을 프랜시스에게 털어놓았다.

그러자 그녀는 이렇게 대답했다. "저는 목사님의 설교에서 많은 것을 얻었어요. 누군가의 설교나 성경 강해를 들을 때, 하나님이 그 메시지를 통해 무언가 가르쳐 주시기를 구하면 늘 응답하시는 것을 경험해 왔거든요. 목사님만 그 시간을 준비할 것이 아니라, 가르침을 받는 저희들 역시 기도로 준비해야 한다고 생각해요. 가르치는 이의 마음만큼이나 듣는 이들의 마음도 중요하니까요."

솔직히 말해, 나는 어떤 이의 설교를 듣고 비판적인 태도로 그 자리를 떠난 적도 있다. 나라면 그 메시지를 어떻게 더 잘 전할 수 있었을지를 머릿속으로 궁리해 보기도 했다. 하지만 대부분 그런 상황에서 성령님이 내 마음과 태도의 그릇됨을 깨우쳐 주신다. 이때 나는 프랜시스를 떠올린다. 그녀의 태도와 격려의 말은 늘 나를 부끄럽게 하는 동시에 새로운 영감을 주기 때문이다. 그러고 나면 나 자신의 잘못을 뉘우치고 내가 속한 교회의 목회자를 위해 기도하게 된다.

우리가 속한 여러 교회 가운데 프랜시스 메이슨 같은 이들이 점점 더 늘어나기를 소망한다!

"목사님이 제 필요에 부응하지 못해요"

내가 운영하는 처치앤서즈의 회원들 가운데는 이제껏 내가 만나 본 이들 중에서 가장 경건하고 탁월한 교회 지도자들 중 일부가 포함되어 있다. 그런데 다른 한편으로, 그들은 지극히 인간적인 이들이기도 하다. 그렇기에 그들은 때로 비인간적일 정도로 높은 교인들의 기대에 부응하는 일로 어려움을 겪고 있다.

그중 '그렉(Greg)'이라는 한 목회자(이는 가명이다)가 그 고충에 관한 경험담을 커뮤니티 게시판에 올린 적이 있다. 그의 글 제목은 대략 이러했다. '목사의 하루'.

그날 그의 사역은 아침 여덟 시에 화가 난 한 교인의 전화로 시작되었다. 그녀는 자신이 이틀간 병원에 입원해 있었다고 했다(이후 그가 알게 된 바에 따르면 하룻밤 동안이었다). 그녀의 문제는 그리 심각하지 않았지만 여하튼 그렉이 찾아와 주기를 기대했던 것이다.

이에 그렉이 즉시 그 병원으로 가겠다고 하자, 그녀는 이미 퇴원한 지 이틀이 지났다고 말했다.

당황한 그렉은 이렇게 중얼거렸다. "저는 성도님이 병원에 입원한 줄도 미처 몰랐습니다."

그러자 그 교인은 이렇게 대꾸했던 것이다. "당연히 아셨어야죠."

목회자들은 모든 것을 다 알아야만 하는 셈이다.

당시 그렉에게는 마음을 쏟아야 할 개인적인 일들도 있었다. 아내의 둘째 아이 출산이 임박했던 것이다. 두 시간 뒤에 갑자기 진통이 시작되었고, 아내는 그에게 병원에 갈 때가 되었다고 알렸다. 그리고 그날 저녁 아홉 시 반에 둘째 딸을 무사히 출산했다.

그렉은 이 상황에 집중한 나머지 자신의 스마트폰을 미처 확인하지 못했다. 그날 저녁 여섯 시에 있을 성경공부 반 친교 모임에 참석하기로 한 일정을 저장해 두었지만, 살펴볼 겨를이 없었던 것이다. 마침내 자정 즈음에 스마트폰을 열어 보았을 때, 모임에 그를 초대했던 이로부터 다음의 문자가 와 있었다. "물론 목사님이 병원에 계셨던 건 알지만, 잠시라도 들르실 수는 없었을까요?"

이처럼 목회자들에게는 모든 곳에 머무는 일 역시

요구되는 셈이다. 실제로 대부분의 목회자나 교회 직원들이 전지전능하며 편재한다면, 그들의 사역을 훨씬 더 잘 감당할 수 있을 것이다. 그러면 모든 교인들의 생각과 소원을 헤아릴 뿐 아니라, 모든 곳에 동시에 나타나서 그들의 필요를 다 채워 줄 수 있을 테니까 말이다.

그러면 목회자와 교인들 사이의 문제들이 전부 해결될 수 있지 않겠는가? 이런 내 말은 반쯤 농담이 섞인 것이지만, 대다수의 목회자들에게 이 문제는 결코 웃어 넘길 일이 아니다.

우리는 먼저 이런 불만들이 교회의 리더십에 대한 비성경적인 관점에서 유래한다는 점을 헤아려야 한다. 지금 많은 교인들은 목회자를 영적이며 정서적인 측면에서 자신들의 개인적인 안내자로 여기곤 한다. 또 어떤 이들은 목회자를 일종의 '교회 관리자'로 여기며, 그가 교회 안의 모든 행사와 모임, 온갖 필요들을 책임져야 한다고 생각하기도 한다.

여기서 우리는 교회가 아직 어리고 연약했던 때의 일을 기록한 사도행전 6장으로 돌아가서, 한 무리의 과부들이 교회의 돌봄을 제대로 받지 못한다는 교인들의 불평에 그 지도자들이 어떻게 대처했는지를 살

퍼볼 필요가 있다.

> 그 때에 제자가 더 많아졌는데 헬라파 유대인들이 자
> 기의 과부들이 매일의 구제에 빠지므로 히브리파 사
> 람을 원망하니 (행 6:1).

이때 현대의 많은 목회자들은 그 교회의 문제를 직접 해결해 보려 했을 것이다. 결국 목회자들은 교인들에게서 종종 다음의 반응을 접하게 되기 때문이다. "바로 이런 일들 때문에 저희가 목사님께 사례비를 드리는 것 아닌가요?"

하지만 초대 교회의 지도자들은 이같이 자신들이 모든 사역의 책임을 떠안을 때 교회 공동체가 영적인 추진력을 잃고 말 것임을 잘 알고 있었다. 그들이 교회 안의 문제들을 일일이 신경 쓰고 살피는 것은 말 그대로 불가능한 일이었기 때문이다. 따라서 그들은 하나의 근본적인 해결책을 마련했다. 신실한 일곱 집사를 비롯한 여러 신자들을 사역의 일꾼으로 세우고 임명했던 것이다.

당시 그 지도자들은 자신들이 정한 사역의 우선순위를 다음과 같이 명확하게 제시했다. "열두 사도

가 모든 제자를 불러 이르되 우리가 하나님의 말씀을 제쳐 놓고 접대를 일삼는 것이 마땅하지 아니하니"(행 6:2). 바로 이것이다.

이때 하나의 분명한 모델과 성경적인 우선순위가 정립되었다. 교회 지도자들의 책임은 "하나님의 백성들을 훈련시켜 그분의 사역들을 감당하며 그리스도의 몸인 교회를 세워 가게" 하는 데 있다는 것이다 (엡 4:12, NLT).

하지만 지금 많은 교인들은 그 성경의 모범을 잊어버린 듯하다. 대신에 그들은 다음의 태도를 드러내곤 한다.

○ 목회자는 나를 개인적으로 돌보아야 한다.
○ 목회자는 나를 정기적으로 찾아와야 한다.
○ 목회자는 교회의 모든 모임에 참석해야 한다.
○ 목회자는 교회의 모든 사회적 활동에 관여해야 한다.

이제 감이 잡히는가? 지금 많은 교인들이 자신의 교회를 불완전하고 문제 투성이인 곳으로 여기는 이유는 목회자에게 부당한 기대를 품고 있기 때문이다.

그들은 그 채워지지 않은 기대를 안고 다른 교회로 옮기거나 아예 교회 출석을 그만두기도 한다. 이는 결국 목회자가 자신의 필요를 충족시켜 주지 못했기 때문이라는 것이다.

"그분들은 그저 돈 이야기만 해요"

텔레비전 전도자들이 서서히 부각되던 1970년대부터 이런 불만을 종종 접하기 시작했다. 그런 말들은 그 이후로도 줄어들지 않았다.

근래의 불협화음은 부적절한 재정 사용을 비롯한 여러 문제로 논란이 된 일부 유명 목회자들과 연관이 있는 듯하다. 그중 몇몇은 번영의 복음을 가르쳐서 신자들의 큰 불만을 낳기도 했다.

안타깝게도 이 소수의 설교자들이 범한 허물이 많은 비판의 빌미를 제공하며, 그 지적의 방향은 종종 각 지역 교회와 그 목회자들에게로 쏠리곤 한다. 전에 이 문제를 자세히 다루어 보지는 않았지만, 나는 어느 지역 교회의 목회나 다른 지도자들이 돈 문제를 지나치게 강조하는 것을 거의 접해 본 적이 없다. 물론 이 점에 관해 일부 예외도 있겠지만, 그런 경우는 매우 드물다.

우리 목회자들은 돈 문제나 청지기적인 삶의 자세, 이웃에게 후히 베푸는 태도 등에 관해 침묵을 지켜서는 안 된다. 하지만 많은 이들은 이 재정적인 주제를 놓고 설교하기를 꺼리는데, 흔히 제기되는 다음의 비판을 우려하기 때문이다. "저분들은 그저 돈 이야기만 하지."

사실 대부분의 목회자들은 돈 문제를 지금보다 훨씬 더 자주 언급할 필요가 있다. 예수님도 열한 개의 비유에서 그 문제를 언급하신 바 있다. 그분은 하나님이 세우신 종교적인 제도들을 후원하는 일에 우리의 재정을 드려야 한다고 가르치셨다(예를 들어 마 23:23과 막 12:41-44을 보라). 그리고 예루살렘에 첫 교회가 세워졌을 때, 신자들이 바로 그 교회를 통해 자신들의 재정을 하나님의 뜻대로 드려야 한다는 점이 분명히 드러났다.

당시 그 교회가 어떤 일들을 가장 우선시했는지에 관해서는 사도행전 2장 42절에서 명확히 서술되고 있다. "그들이 사도의 가르침을 받아 서로 교제하고 떡을 떼며 오로지 기도하기를 힘쓰니라."

그런데 이 교인들은 이 일들을 행한 뒤, 곧이어 서로 베풀고 나누는 일을 시작했다. "믿는 사람이 다 함께 있어 모든 물건을 서로 통용하고 또 재산과 소유를 팔아 각 사람의 필요를 따라 나눠 주며"(행 2:44-45).

따라서 "저분들은 그저 돈 이야기만 한다"는 비판은 실제 현실과 거리가 멀다. 오히려 지금 교회에서 우리들은 헌금과 청지기적인 삶의 태도에 관한 메시지들을 충분히 접하지 못하고 있다. 몇몇 교회 지도자들의 죄와 허물 때문에 너무 많은 목회자들이 침묵하게 된 것이다.

솔직히 말해, '교회에서 돈을 너무 강조한다'는 말은 대부분 변명에 가깝다. 기껏해야 사실에 근거하지 않은 착각일 뿐이다. 대개 이런 불만을 늘어놓는 것은 교회 생활에 깊이 관여하지 않는 이들이며, 정작 헌신적인 교인들은 실제의 모습을 알고 있다.

"어디든 하나님의 백성이 있으면 그곳이 곧 교회지요"

앞서 다루었듯이, 교회는 하나의 가족과도 같다. 그런데 우리가 "우리 식구들이 있는 곳이면 어디든 그곳이 곧 가족이지"라는 핑계를 대면서 자녀나 형제 자매, 부모님과 만나려 들지 않는다고 생각해 보자. 여러분의 배우자와 자녀들을 향해 "어디에 흩어져 있든 간에 우리는 여전히 가족이니 굳이 함께 모여서 시간을 보낼 필요가 없다"고 말하면 어떻게 될지 상상해 보기 바란다. 아마 여러분의 가족은 원만하게 잘 지내기가 쉽지 않을 것이다.

만약 함께 모이지 않는다면, 그런 가족 됨에 무슨 의미가 있겠는가?

이와 마찬가지로, 교회도 한데 모이도록 부름 받았다. 곧 함께 모이는 공동체로 규정되는 것이다. 이렇게 모이지 않는다면, 교회는 실제로 교회가 될 수 없다. 여기서 예루살렘 교회의 모범과 사례를 다시 살펴보자. 사도행전의 저자인 누가는 자신의 말을 조금도 허투루 쓰지 않는다. 그는 누가복음과 사도행전 전반에 걸쳐 매우 신중히 서술하고 있다.

첫 교회의 모습을 묘사할 때, 그는 그 교인들이 직접 한자리에 모였음을 이렇게 상기시킨다. "믿는 사람이 다 함께 있어 모든 물건을 서로 통용하고"(행 2:44). 그는 그들의 예배 역시 한데 모인 공간에서 이루어졌음을 보여 준다. "날마다 마음을 같이하여 성전에 모이기를 힘쓰고 집에서 떡을 떼며 기쁨과 순전한 마음으로 음식을 먹고"(행 2:46).

이처럼 그들은 함께 있었다. 물론 교회의 지체들

은 어디에 있든 간에 계속 그 지체로 남는다. 하지만 교회는 함께 모이지 않는 한 교회가 될 수 없다.

헬라어 신약 성경에서 교회를 지칭하는 데 자주 쓰인 단어는 '에클레시아(ekklesia)'다. 이 단어는 신약에서 백 회 이상 언급되고 있다. 이것은 원래 그리스 문화권에서 공적인 장소에 함께 모여 무언가를 논의하는 집회를 지칭하는 단어였다. 초대 교회도 그 의미를 받아들여, 예배를 위해 한데 모인 그리스도인들의 집회를 가리키는 데 그 단어를 사용했다.

물론 신약에서 이 '에클레시아'의 용례는 문맥에 따라 약간 다른 뉘앙스를 띠기도 하지만, 그 핵심에는 '모임'의 의미가 있다.

오늘날 어떤 이들은 과연 디지털 교회가 대면 교회의 필요성을 대체할 수 있을지 숙고해 왔다. 물론 팬데믹 시기를 거치면서, 디지털 기술이 하나님 나라의 사역을 위한 도구가 될 수 있다는 점이 입증된 것은 사실이다. 당시 대면 모임이 불가능했던 여러 교회들이 페이스북과 유튜브를 비롯한 온라인 플랫폼에서 자신들의 예배를 생중계할 수 있었기 때문이다.

이와 마찬가지로, 여러 교회의 소모임들도 다양한 화상회의 플랫폼을 통해 계속 교제해 왔다. 로마 제국의 도로들이 1세기 당시에 복음 전파를 위한 물리적인 통로가 되었듯이, 21세기에는 인터넷이 전도의 통로가 되었다. 앞으로 이런 디지털 도구들은 더욱 긴밀하고 빈번하게 활용될 것이며, 그 가능성은 거의 무한해 보인다.

그런데 이런 디지털 기술을 통해 많은 교회들의 활동 범위와 영향력이 확대된 것은 분명하지만, 그것이 성도들의 직접적인 만남을 완전히 대체할 수는 없다. 우리 중에 가족과 함께하는 시간을 디지털 수준의 대화와 맞바꾸기를 원하는 이는 아무도 없을 것이다. 이처럼 교회도 직접 만나 교제하는 가족이 되도록 만들어졌다.

나아가 어떤 이들은 이 디지털 교회의 문제와 상관없이 교회 출석 자체에 문제가 있다고 주장한다. 그들은 누군가가 '교회에 갈' 필요성을 언급할 때마다 즉시 이의를 제기한다. 그들에 따르면, '어디든 하나님의 백성들이 있는 곳이 곧 교회'라는 것이다. 교회는 우리가 모이는 어떤 장소가 아니라는 것이 그들의 주장이다.

어떤 의미에서, 그 반론은 일종의 신학적인 트집 잡기에 가깝다. 물론 '교회에 간다(going to church)'는 말이 매주 있는 성도들의 모임을 지칭하는 가장 정확한 표현은 아닐 수도 있다. 하지만 내 생각에는 '함께 모인 교회에 간다(go to the gathered church)'라는 등의 표현을 쓴다면 더욱 혼란스러울 듯싶다. 사람들이 "교회에 간다"고 말할 때, 대개는 교회의 예배에 참석하는 일을 뜻한다.

사실 그들이 내세우는 주장의 핵심에는 '오늘날의 교회에서는 정기적인 모임이 굳이 필요치 않다'는 생각이 담겨 있다. 하지만 그 주장은 사실이 아니다. 신약 성경 어디서도 교회의 모임이 일종의 선택사항임을 시사하지 않기 때문이다.

물론 교회는 매 주일의 모임 바깥에서도 교회로 존재한다. 교회는 지역 사회나 시장, 우리의 일터 가운데서도 여전히 교회이다. 이처럼 하나님의 백성들이 있는 곳이면 어디든 교회는 교회로 남는다. 하지만 이와 동시에, 성도들이 한데 모이지 않는 한 교회의 교회 됨이 온전히 성립하지 않는 것도 사실이다. 이는 성경이 우리에게 그렇게 가르치기 때문이다.

"교회는 해로워요"

때로는 교회 모임에 대한 반대가 더 폭넓고 강력

한 방식으로 제시된다. 어떤 이들은 교회가 해롭다고
주장하곤 한다. 그들은 분열과 다툼 혹은 자기 중심성
에 사로잡힌 여러 교회들의 모습을 예로 들면서, 그런
공동체들에서는 건강한 제자로 자라 가며 예배하고
활동하기가 거의 불가능하다고 단언한다.

그런데 이런 주장들이 정말 사실일까? 과연 부정
적인 상태에 깊이 빠져 그 사명을 전혀 감당할 수 없
게 된 교회들이 실제로 있을까?

어떤 비판자는 교회가 자신들의 뜻대로 움직이지
않는다는 이유만으로 그 교회를 '해롭다'고 낙인 찍기
도 한다. 하지만 어떤 교회들의 상태는 심각하게 악화
되어 있는 것 역시 분명한 사실이다. 그런 교회들은
거의 교회처럼 보이지 않기도 한다.

이런 교회의 유해성은 교회의 교인들이나 지도자
들, 혹은 양쪽 모두에게서 유래할 수 있다. 일부 교인
들은 교회를 마치 그들의 개인 서비스 조직처럼 취급
한다. 그들은 외부인들이 교회에 들어오거나 등록하
는 것을 단호히 막으려 들며, 오직 자신들이 선호하는
일들만을 추구하고 옹호한다.

그들은 종종 교회 안의 통제권을 획득하고 유지하
려는 의지를 강하게 드러낸다. 교회의 운영 회의에서

도 그들이 논의를 주도하며, 다른 교인들은 두려움 혹은 체념에 빠져 침묵한다. 이런 교회들은 철저히 내부자 중심으로 돌아가기에, 이따금 그곳을 찾는 손님들은 교회 건물 앞에 '출입 금지' 표지판이라도 붙어 있는 듯한 느낌을 받곤 한다. 종종 그렇게 불량한 이들이 교회를 장악하고 다른 교인들을 지배하려 드는 것이다.

이와 마찬가지로 교회의 지도자들도 해로운 존재가 될 수 있다. 그들은 앞서 설명한 교인들과 비슷한 성향을 보이지만, 교회에서 지도자의 위치에 있으며 강단에서 설교를 전하기에 더욱 큰 영향력을 지닌다. 실제로 나는 그런 목회자와 교인들이 서로 충돌하는 상황을 여러 번 목격했는데, 결코 보기 좋은 광경이 아니었다.

여기서 내 요점은 교회들이 이처럼 해로워진 나머지 성경적인 관점에서 전혀 교회로 여기기 힘든 조직으로 변질할 수 있다는 것이다. 다행히 이런 교회들은 예외일 뿐 일반적인 경우는 아니다. 그러므로 누군가가 이 문제를 이유로 삼아 지역 교회에 출석하지 않겠다고 할 때, 나는 성경적인 방식으로 운영되는 여러 다른 교회 중 한 곳을 찾도록 권유한다. 미국에 있는 약 삼십오만 개의 교회 가운데는 건강하지 못한 교회들도 많지만, 정말로 유해한 교회들은 극소수다.

간단히 말해, 혹시 여러분이 유해한 교회를 만나서 어려움을 겪었더라도 세상의 모든 교회를 포기하지는 말라. 더 건강한 교회들을 계속 찾아보기 바란다.

문제에서 가능성으로

이제는 여러 문제들을 넘어서서 교회 앞에 주어진 가능성들을 살필 때가 되었다. 우리는 예수 그리스도께로부터 풍성한 생명을 받았으며, 그분은 우리가 그 생명을 온전히 누리기를 원하신다. 그 복된 생명은 우리가 다른 그리스도인들과 함께 연합해서 공동체를 이루고 사역을 감당하며 참된 삶의 목적을 향해 나아갈 때 비로소 온전히 실현될 수 있다. 그리고 그 연합과 만남이 이루어지는 곳이 바로 지역 교회이다.

앞서 드러났듯이, 나는 예루살렘의 첫 교회를 살피면서 교회 생활에 관한 주요 아이디어를 얻는 편을 선호한다. 당시 그 교회는 오순절 사건을 새롭게 경험한 상태였다. 그들은 자신들의 삶 속에 임하시는 성령님의 역사를 발견하고 깨달았으며, 이제는 함께 세상으로 나아갈 준비가 되어 있었다. 함께 의미 있는 삶의 길을 걸어가려 했던 것이다.

사도행전에서 누가는 이 초대 교회에 있었던 일들을 정확히 기록하며, 단 한 마디의 어구도 낭비하지 않는다. 누가는 예루살렘 교회가 한데 모여 자라가며 풍성히 나누고 사역하는 모습을 묘사하면서, 당시의 세상 사람들이 그 공동체를 이렇게 바라보았는지 알려 준다. "온 백성에게 칭송을 받으니"(행 2:47).

하나님은 우리가 지역 교회의 활동에 참여하면서 참된 삶의 의미와 가치를 발견하게끔 예비해 두셨다. 이때 우리는 주위의 세상과 구별되는 역동적인 삶의 유익들을 누리게 된다. 하지만 누가는 다음의 진리를 더욱 분명히 일깨워 주려 한다. 이는 그저 우리의 삶이 달라질 뿐 아니라, 우리의 삶을 통해 그 세상이 변화된다는 것이다.

물론 지역 교회들의 문제점을 개탄하면서 교회 활동에 관여하지 말아야 할 온갖 구실들을 늘어놓을 수도 있다. 우리는 교회 안의 다양한 문제나 위선자들의 존재, 미숙한 사역 등을 지적할 수 있다.

하지만 이와 전혀 다른 길을 택할 수도 있다. 이때 우리는 하나님이 지역 교회를 마련해 두셔서 그곳에서 신자들이 함께 사명을 감당하게 하셨음을 보게 된다. 이때 신약 성경에 기록된 영적 성장의 대부분이 바로 그 교회 안에서 이루어졌음을 보게 된다. 그리고 1세기부터 지금까지 모든 신자들이 다양한 결함과 허물을 지녔음에도 불구하고, 하나님이 여전히 그 교회를 도구로 삼아 그분의 백성들이 성령 안에서 성숙한 그리스도의 제자들로 자라가게 하신다는 점을 깨닫게 된다.

이 점을 기억해야 한다. 신약 성경에서 묘사된 초대 교회는 이 세상을 변화시켰다. 실제로 그 교회는 온 세상을 뒤집어 놓았던 것이다. 물론 그곳에는 유오디아와 순두게를 비롯해서 성경에서 그 이름이 언급되거나 언급되지 않는 여러 교인들이 일으킨 문제들도 있었다. 그렇기에 어떤 이들은 그런 위선자들의 사례나 여러 골치아팠던 경우들에 초점을 맞출 수도 있다.

하지만 신약 성경을 읽어 가면서 당시 교회의 참된 영향력과 파급력이 어떠했는지를 살필 때, 우리는 그 교회와 지체들이 정말로 이 세상을 변화시켰다는 결론에 이르게 될 것이다. 지금도 하나님의 목적은 달라지지 않았다. 그분은 각 지역 교회에 동일한 사명을 주셨으니, 이는 우리도 지금 이 세상을 변화시켜야 한다는 것이다.

여러분은 다음의 약속을 온전히 믿고 따를 수 있다. 이는 하나님의 목적과 계획에 동참할 때, 여러분도 이 세상을 변화시키시는 그분의 사역 중 일부가 되리라는 약속이다. 그렇다. 바로 여러분이 이 세상을 바꾸어 놓는 통로가 된다.

과연 이 세상을 변화시키는 것보다 더 의미 있는 일이 있을까? 진정한 의미가 있는 삶은 공동체의 맥락 속에서 드러나게 되어 있다. 하나님은 우리가 지역 교회 안에서 그 삶을 살아가도록 예비해 두신 것이다. 우리가 그곳에서 함께 사명을 감당하는 일이 지닌 의미는 바로 여기에 있다.

앞서 이 장의 첫 부분에서 나 자신의 이야기를 언급했다. 지역 교회와 분리된 채로 세상에서 참된 삶의 목적을 알아내려 애쓰던 한 새 신자의 이야기였다. 하지만 그 노력은 처음부터 실패할 수밖에 없었다. 실제 내 삶의 이야기는 지역 교회의 일원이 되어 하나님이 내 삶에 원하시는 일들이 무엇인지를 발견했을 때 비로소 시작되었다.

바로 그때 하나님이 내 앞에 마련해 두신 다양한 길들을 바라보게 되었다. 그 '지역 교회'라는 공동체를 온전히 받아들였을 때, 마침내 의미 있는 삶의 가능성을 찾아가기 시작했던 것이다.

이제 모든 교인들이 마땅히 감당해야 할 다섯 가지의 핵심 헌신을 살피면서 그 이야기를 더 자세히 다루어 보자. 지역 교회가 하나님의 뜻대로 움직이기 위해서는 그 헌신들이 꼭 필요하다.

* 우리 교회를 깨우는 세 가지 나눔

1. 교회에 출석하지 않는 이들이 자주 내세우는 변명이 '교회 안의 위선'인 이유가 무엇으로 생각하는가?

2. 한데 모이지 않는 교회가 진정한 교회가 될 수 없는 이유는 무엇일까?

3. 빌립보서 4장 2-3절을 읽어 보라. 여러분은 당시 유오디아와 순두게 사이에 어떤 문제가 있었으리라고 생각하는가?

PART 2

다섯 가지
헌신이 있어야

교회가 살아난다

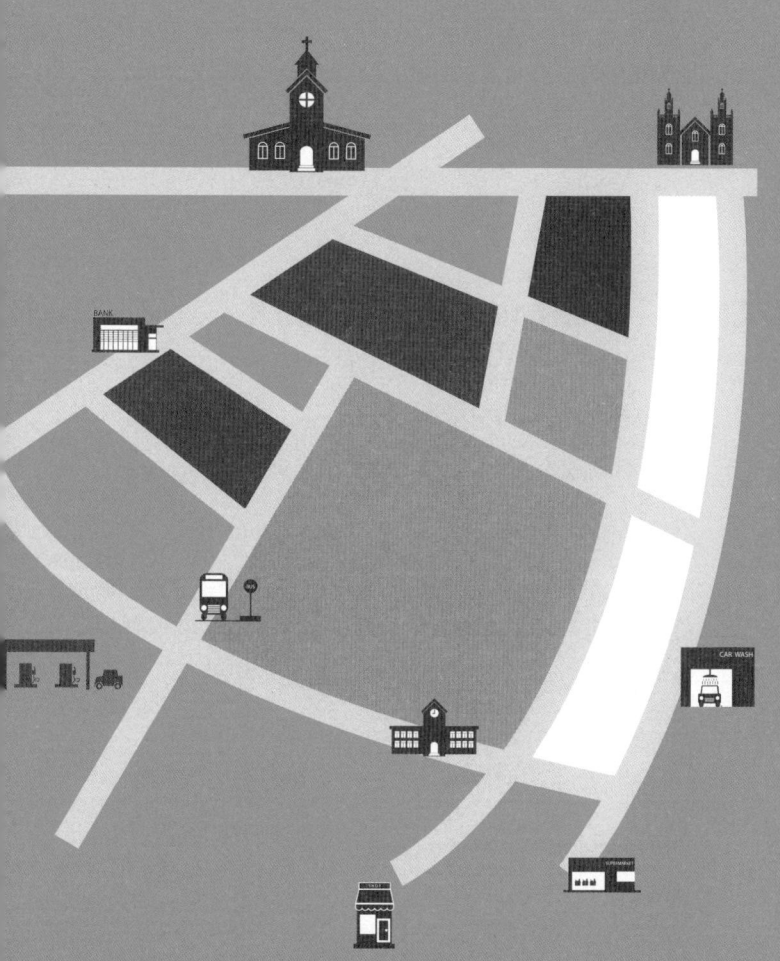

Crucial
Commitments

이름 없는 영웅: 조용한 헌신의 힘

그들은 종종 조용한 이들이다.

그들은 곧 하나님이 자신들의 불완전한 공동체까지도 이 세상을 변화시키는 일에 들어 쓰실 수 있음을 아는 교인들이다.

설령 그들이 활달하고 유쾌한 성격의 소유자일지라도, 그들이 교회를 위한 자신의 봉사나 다른 교인들에게 후히 베푼 일들을 뽐내고 자랑하는 말은 거의 듣기 어려울 것이다.

하지만 그들은 알고 있다. 자신들이 신실한 교회의 교인으로 변화된 삶을 살아갈 때, 이를 통해 이 땅에서 하나님 나라와 그분의 영광을 받들게 된다는 것을 말이다.

며칠 전에 그런 신자 중 한 사람과 통화한 적이 있다. 그의 이름은 존(John)으로, 내가 여러 해 전에 담임 목사로 섬겼던 교회의 성도이다. 나는 그를 유쾌하고 활기차며 항상 바쁘게 움직이는 사람으로 기억하고 있었다. 다만 그는 자신이 어떻게 교회를 사랑으로 섬기고 봉사했는지에 관해서는 늘 말을 아꼈다. 이는 주위 사람들에게서 어떤 인간적인 칭찬과 영예도 누리지 않으려 했기 때문이다.

내가 그 교회에서 사역할 때, 존이 어떤 삶을 살았으며 교회 일에 어떻게 헌신했는지를 다 알지는 못했다. 성도들의 헌금 내역을 살펴볼 권한이 없었기 때문이다. 하지만 그가 매우 후하게 나누고 베푸는 신자임을 짐작하게 하는 여러 일화들을 알고 있었다. 한번은 우리 교회가 두 번째 예배당을 건축할 때, 그 일의 초기 비용이 얼마나 들지를 존이 내게 물었던 적이 있다. 이후 그는 그 일을 다시 언급하지 않았지만, 그 비용은 그의 헌금으로 전부 충당되었다.

또 짐(Jim)이라는 교인이 세상을 떠났을 때, 존은 내가 그곳에 도착하기 전에 이미 와서 그 부인을 위로하고 있었다. 당시의 사역 기간 내내 이와 비슷한 일들이 계속 반복되었다.

존에게는 번창하는 자신의 회사를 운영하는 일을 비롯해서 할 일들이 많았다. 하지만 그는 바쁘다는 핑계로 교회 일을 멀리한 적이 한 번도 없었다.

부끄럽게도 나는 그후 여러 해 동안 존과 연락하지 않고 지냈다. 그러다가 마침내 전화했을 때, 그는 내 목소리를 듣고 무척 반가워했다. 그는 자신이 이제 여든 다섯 살이 되었으며, "조금씩 거동이 느려지고 있다"고 이야기했다. 그 목소리에는 예전만큼 힘이 실려 있지 않았지만, 나는 전화 너머로 그의 영혼에 깃든 강인함을 이내 느낄 수 있었다.

나는 존이 그 교회의 활동에 깊이 헌신하면서 내 사역을 지지해 준 일에 감사를 표했다. 하지만 그가 이런 칭찬의 말들을 부담스러워하는 것을 느낄 수 있었다. 자신의 공로를 인정받거나 주목의 대상이 되는 일을 원치 않았던 것이다. 존은 계속 나와 내 가족의 근황에 관한 이야기들로 화제를 돌리려 했다.

존은 오랫동안 교회의 일에 헌신해 온 성도였으며, 그 교회의 활동들을 통해 세상을 변화시켰다. 비록 그 이름이 히브리서 11장에 기록되지는 않았지만 그는 여전히 신앙의 영웅이다.

초대 교회 성도들의 헌신

초창기의 그리스도인들은 그리스도를 따르기 위

해서는 철저한 헌신이 요구됨을 처음부터 헤아리고 있었다. 사도행전은 당시 신자들이 복음을 위해 자신들의 안락한 삶과 소유, 명예뿐 아니라 자신의 생명까지 희생했던 모습을 생생히 묘사한다. 그 기록에 따르면, 오순절 사건 이후 새롭게 제자가 된 이 사람들은 주님을 향한 헌신의 삶을 다음과 같이 온 마음으로 받아들였다. "그들이 사도의 가르침을 받아 서로 교제하고 떡을 떼며 오로지 기도하기를 힘쓰니라"(행 2:42).

그들의 헌신은 그저 가볍고 부담 없는 수준의 참여가 아니었다. 오히려 그것은 자신들의 믿음을 구체적인 삶 속에서 드러내려는 열정적이고 전인격적인 헌신이었다. 당시 그들의 태도는 그저 매주 예배에 나오거나 교회와의 형식적인 관계를 유지하는 수준을 훨씬 넘어서는 것이었다. 이에 관해, 누가는 이렇게 기록하고 있다. "또 재산과 소유를 팔아 각 사람의 필요를 따라 나눠 주며"(행 2:45).

당시 많은 이들이 희생적인 나눔에 동참했는데, 이는 그들의 소유가 풍족했기 때문이 아니었다. 다만 하나님이 그들의 재정을 가지고서 가난한 이들을 돌보고 선교 사업을 지원하며 신앙 공동체를 세워 가시는 데 요긴하게 쓰실 것이라는 확신이 있었기 때문이다. 그들은 신앙의 일치가 갖는 의미를 진지하게 받아들였으며, 그 모습은 구체적으로 이렇게 묘사되고 있다. "믿는 무리가 한마음과 한 뜻이 되어 모든 물건을 서로 통용하고 자기 재물을 조금이라도 자기 것이라 하는 이가 하나도 없더라"(행 4:32).

이런 베풂과 나눔이 늘 순조롭게 이루어졌던 것은 아니다. 사도행전 5장에서는 헌금 문제에 관해 교회를 속이려 했던 아나니아와 삽비라의 이야기를 경고조로 서술하고 있다. 이때 그들이 맞은 비극적인 결말은 초대 교회가 정직하고 순전한 마음, 그리고 하나님이 주신 재능과 물질을 아낌없이 나누는 청지기 정신을 얼마나 중시했는지를 보여 준다. 당시 신자들에게 요구된 것은 일종의 의무적인 나눔이나 외적인 경건의 과시가 아니었다. 오히려 그들은 이 헌금을 통해 하나님의 은혜에 대한 진심 어린 응답을 보여야 했던 것이다. 이는 곧 기꺼이 다음과 같이 고백하는 삶의 태도였다. "내게 있는 것은 모두 하나님의 것입니다. 나는 그분의 영광을 위해 그것들을 사용하고 싶습니다."

또한 성도들의 희생적인 헌신은 곧 공동체 안에서 소외되고 무시 당하는 이들을 섬기는 것을 의미했다. 사도행전 6장에서 한 무리의 과부들이 매일의 식량 나눔에서 배제되었을 때, 사도들은 (흔히 최초의 집사들로 여겨지는) 일곱 교인들을 세워서 모든 과부들이 적절히 돌봄을 받게 했다. 이런 그들의 조치는 초창기의 신자들이 봉사와 섬김을 일종의 선택사항으로 여기지 않았음을 보여 준다. 그 일들은 교회에 주어진 사명의 필수 부분이었다.

이런 희생적인 헌신의 주제는 목회 서신들에서도 나타난다. 디모데전후서와 디도서에서, 바울은 교회 지도자들에게 환대와 정직, 그리고 궁핍한 이들에 대한 관심의 본을 보일 것을 권면한다. 그들은 개인의 유익을 구하기보다 '흠이 없는' 이들이 되어야 했다. 먼저 본을 보여서 온 회중이 서로 섬기며 나누는 삶을 살게 해야 했던 것이다.

나아가 바울은 자신의 서신에서 여러 교회들이 적극적인 사랑으로 다른 이들을 도운 것을 자주 칭찬하고 있다. 그는 빌립보 교인들의 헌금을 "받으실 만한 향기로운 제물이요 하나님을 기쁘시게 한 것"으로 부르면서 그 일에 감사했다(빌 4:18). 고린도후서 8-9장에서도, 바울은 마케도니아 신자들이 가난한 형편 속에서도 넘치도록 베풀고 나눈 일을 언급하고 있다. 이들의 본보기는 다른 이들에게도 "우리 주 예수 그리스도의 풍성하신 은혜"(고후 8:9, NLT)에 감사하는 마음으로 자신들의 재정을 기꺼이 드리도록 자극을 주었던 것이다.

당시의 여러 환난과 궁핍, 치열한 영적 전쟁 가운데서도, 이 그리스도인들은 희생적인 헌신에서 기쁨을 얻었다. 이런 그들의 나눔과 섬김은 하나님이 베풀어 주신 구원에 대한 깊은 감사에 뿌리를 둔 것이었다. (대부분 우리가 그 이름조차 알지 못하는) 그 신자들을 생각할 때, 우리는 그들의 삶 속에서 내 벗인 존과 같은 오늘날의 제자들이 보여 준 것과 동일한 자세를 발견한다. 이는 곧 조용하고 흔들림 없는 태도로 하나님 나라의 일에 온 마음을 쏟는 삶의 모습이었다. 이것이 바로 그 지체들이 그리스도를 위해 온전히 헌신하는 교회가 지닌 능력이다.

핵심 헌신, 세상을 바꾸는 기쁨의 시작

우리는 이 점을 꼭 기억해야 한다.

초기의 그리스도인들이 자신을 희생하며 교회와 이웃을 섬길 때, 그들은 그 일을 기쁨으로 감당했다. 내 친구 존이 주저 없이 자신을 희생하며 교회를 섬길 때도 역시 기쁨으로 그 일을 감당했다. 실제로 존은 내가 아는 이들 가운데서 가장 기쁨이 넘치는 사람 중 하나이다.

이제 살펴볼 다섯 가지 핵심 영역에서 교회에 기꺼이 헌신할 때, 여러분은 하나님을 영화롭게 하는 방향으로 이 세상을 변화시키게 될 것이다. 그 밖에 또 어떤 일이 일어나는지 아는가? 이때 여러분은 마음속에서 억누를 수 없는 기쁨이 샘 솟듯 넘쳐흐르는 것을 체험하게 된다.

물론 우리 자신의 유익을 위해 이 일들에 주로 헌신하는 것은 아니다. 이 일에 관해 이기적인 동기를 품어서는 안 된다. 하지만 지역 교회를 통해 그리스도를 섬기는 것만큼 우리에게 큰 기쁨을 주는 일이 없는 것 역시 사실이다. 우리가 하나님의 능력에 의지해서 이 세상을 선하게 바꾸어 가는 동안, 우리의 삶 역시 그런 방향으로 변화되어 갈 것이다.

초대 교회의 성도들은 이 점을 바르게 깨달았으며, 존 역시 그러했다.

이 다섯 가지 헌신은 우리가 이 땅에서 하나님을 영화롭게 하는 일에 꼭 필요하며, 우리의 기쁨을 위해서도 그러하다.

여기서 분명히 밝히자면, 이것은 일종의 율법주의적인 체크리스트가 아니다. 우리가 감당해야 할 헌신의 총체적인 목록도 아니다. 그러나 우리가 연구한 바에 따르면, 앞으로 몇 장에 걸쳐 다룰 이 다섯 가지 핵심 헌신은 건강한 교회의 헌신적인 지체들이 지니는 주요 특징들을 대변하고 있다.

이제 그 내용들을 하나씩 숙고해 보자.

1.

나의 필요를 넘어 공동체의 생존을 위해 무릎을 꿇다

급진적인 그리스도인은 정상적인 신자다.

여기서 '정상적'이라는 것은 곧 그가 성경적인 그리스도인임을 뜻한다.

급진적인 그리스도인은 변혁적인 신앙을 품은 이들로서, 주변 문화 속에 있는 대다수의 사람들과 구별되는 모습을 보인다. 그들은 다른 이들 앞에 분명한 길을 비추기에 '빛'으로 불리며, 진실하고 선한 일들을 보존하는 동시에 우리 삶의 보람을 증진해 주기에 '소금'으로 지칭된다.

적어도 다른 이들의 눈에는, 예수 그리스도와 그분의 명령을 향한 그들의 헌신이 실로 깊고 철저해 보인다.

이 '급진적(radical)'이라는 단어는 '뿌리'를 뜻하는 라틴어 '라딕스(radix)'에서 유래했다. 그러므로 급진적인 그리스도인은 곧 자기 신앙의 뿌리인 예수님의 삶과 가르침으로 돌아가는 이들이다.

이 그리스도인들은 다양한 방식으로 그들의 헌신을 드러내며, 기도에 대한 헌신도 그중 하나다. 따라서 급진적인 기도는 교회의 모든 지체들이 동참해야할 다섯 가지 헌신 중에 첫 번째 것이 된다. 이 기도는 세상과 지역 사회, 그리고 그 일에 헌신하는 교인들 모두를 변화시킬 수 있다.

이 급진적인 기도는 히브리서 11장 1절에서 묘사되는 다음의 믿음에 그 뿌리를 둔다. "믿음은 바라는 것들의 실상이요 보이지 않는 것들의 증거니."

급진적인 기도의 영웅들

내게도 자신만이 아는 믿음의 영웅들이 있다. 그 중에는 삶의 어느 시점에서 함께 교류했던 교회의 성도들이 있다. 앞 장에서 언급했던 존과 함께 다음의 이름들이 내 마음속에 떠오른다. 릴리언 앤더슨(Lillian Anderson)과 올린 맥스웰(Aulene Maxwell), 프랜시스 메이슨(Frances Mason)과 폴 휴이(Paul Hughey). 오랜 세월에 걸쳐 내 삶에 풍성한 영향력을 끼친 교인들의 명단을 더 길게 언급할 수 있겠지만, 이 네 사람은 특별한 이유로 내 기억 속에 남아 있다. 이는 그들이 나와 다른 지체들을 위해 신실하고 희생적인 태도로 꾸준히 기도했기 때문이다.

나는 그 영웅들에게 많은 것을 배웠다. 그들은 내게 기도의 중요성과 능력을 가르쳤으며, 한결같은 기도의 자세를 일깨워 주었다. 나는 기도에 헌신하는 그 모습을 보면서, 열정적인 기도야말로 부흥하는 교회와 온갖 문제에 시달리는 교회 사이의 차이점을 낳는 요인임을 알게 되었다.

여러분도 의미 있는 삶을 살기 원하는가? 이들처럼 기도하는 신자가 되는 일에 헌신하기 바란다.

위에서 언급한 다섯 명의 교인 중 누구도 교회에서 주목 받는 리더는 아니었다. 사실 나는 때로 그들 자신의 사역이 제대로 인정받지 못한다고 생각하지는 않을지 궁금했었다. 교회 공동체에서 그들의 섬김이 주목 받은 적이 거의 없었기 때문이다. 나는 그들 중 누군가가 자신의 사역을 통해 많은 이들의 관심을 끌어모으는 것을 본 기억이 없다.

하지만 그들은 끈기 있게 기도의 사역을 지속해 갔다. 때로는 지치기도 했겠지만, 적어도 그 모습이 내 눈에 띄지는 않았다. 오히려 그들은 내가 지쳤을 때 그 일을 곧 알아차리고는 나를 위해 기도하고 있음을 알려 주곤 했다. 당시 그들은 내 신앙의 영웅이었으며, 지금도 여전히 그러하다.

어쩌면 기도의 사역은 교회에서 가장 등한시되는 일일지도 모른다. 하지만 오늘날의 교회에 가장 필요한 것은 바로 그 기도일 수 있다. 하나님은 신자이자 교회의 지체인 우리 모두를 기도의 사람이 되도록 부르고 계신다.

나는 바울이 데살로니가 교인들에게 주었던 다음의 세 가지 권고를 늘 되새겨 본다. "항상 기뻐하라. 쉬지 말고 기도하라. 범사에 감사하라. 이것이 그리스도 예수 안에서 너희를 향하신 하나님의 뜻이니라"(살전 5:16-18).

이 기쁨과 기도, 감사는 의미 있는 삶을 살아가는 이들의 강력한 세 가지 특징이다. 우리는 이 일들을 계속 연습하고 실천해야 하며, 이는 바울 자신의 표현들 속에서도 잘 드러난다. "항상 ⋯ 쉬지 말고 ⋯ 범사에."

기도는 우리 삶의 핵심이다.

그러면 우리는 교회에서 기도를 어떻게 실천해야 할까? 의미 있는 삶을 갈망하는 이들에게 이 헌신이 갖는 실제적인 함의들은 무엇일까? 여기서는 그 신앙의 영웅들을 비롯한 여러 교회 지도자와 교인들에게서 내가 배운 몇 가지 적용점을 소개하려 한다. 그간 나는 지역 교회에서 급진적인 기도에 헌신하는 신자들이 상당히 독특한 방식으로 기도하는 것을 발견해 왔다.

남을 탓하는 대신 자신을 위해 기도하라

그는 당장이라도 눈물을 쏟을 듯한 모습으로 내 서재에 들어왔다. 처음에 그가 만나자고 연락했을 때, 솔직히 내 마음속에 깊은 두려움이 밀려왔었다. 당시 그는 나를 가장 혹독하게 비판하던 교인 중 하나였기 때문이다. 그가 나를 나무라고 지적했던 문제들을 일일이 세어 보기도 어려울 정도였다. 심지어 그는 내가 언제 교회에 나왔다가 퇴근하는지를 살피려고 교회 주차장에 계속 서 있기도 했었다. 거짓말이 아니다.

그는 늘 오만하고 독선적인 태도를 취했지만, 이 날만은 무언가 달랐다. 그 몸짓과 자세가 바뀌었고 어조도 분명히 달라졌다.

그는 자신이 더 꾸준히 기도하기 시작했다고 말했다. 이전까지 그가 기도해 온 내용은 다른 이들을 바로잡아 주시고 변화시켜 달라는 간구가 대부분이었다. 하지만 그의 기도 생활에 조금씩 체계가 잡히면서, 하나님이 그의 심령 속에 직접 역사하기 시작하셨던 것이다.

이제 내 비판자는 자신의 모습을 선명히 깨달았으며, 그 모습에 상당한 충격을 받았다. 그 자신이 얼마나 추한 사람이 되었는지를 알게 되었던 것이다. 그는 단 하나의 목적을 품고 내 사무실을 찾았는데, 이는 내 용서를 구하려는 것이었다. 그리고 그는 오래 머물지도 않았다. 다른 이들에게도 찾아가서 사과하고 용서를 구해야 했기 때문이다.

와우(성령님이 하신 일이다).

우리의 교회를 변화시키는 가장 강력한 방법 중 하나는 기도에 헌신하는 데 있다. 그 일의 가장 효과적인 시작점은 바로 우리 자신을 위한 기도다. 이때 우리는 하나님이 그분의 성품과 뜻을 우리에게 보여 주시고, 그분의 자녀답지 못한 우리의 태도나 행실을 일깨워 주시기를 기도해야 한다. 또 마땅히 나아가야 할 길로 인도해 주시기를 간구해야 한다.

하나님의 뜻이 우리 삶에서 이루어지기를 구할 때, 그분은 실로 놀라운 일들을 행하실 수 있다. 이때 우리는 교회 안의 문제들에 관해 다른 이들을 탓하는 대신, 우리 자신이 달라져야 할 부분에 초점을 맞추기 시작한다. 그리고 다른 이들을 비판하기보다 격려하고 힘을 북돋아 주게 되는 것이다. 또 교회 안의 다른 이들이 일하지 않는 것을 개탄하는 대신에, 우리가 할 일은 무엇인지를 생각하게 된다.

여러분에게 좋은 마음의 태도를 주셔서, 교회의 리더들이나 다른 교인들을 격려하는 이가 되게 해 주시기를 기도하라.

- ○ 여러분에게 분별력을 주셔서, 다른 이들의 필요에 어떻게 응답할지 알게 해 주시기를 기도하라.
- ○ 여러분에게 지혜를 주셔서, 그리스도의 마음을 품고 교회 안에 있는 여러 사역의 기회와 상황들을 살피게 해 주시기를 기도하라.
- ○ 여러분에게 공감 능력을 주셔서, 다른 이들을 더

깊이 헤아리며 섬기게 해 주시기를 기도하라.

내 서재에 찾아왔던 이의 태도를 되새겨 보라. 그가 내게 용서를 청한 것은 앞서 하나님께 자신을 용서해 주시기를 구했기 때문이었다. 이처럼 하나님께 용서를 구하기 시작할 때, 우리 마음속에는 자신이 잘못을 범한 수많은 이들과 그 정황들이 떠오르곤 한다. 당시 그는 마음속에 이 말씀이 계속 떠올랐다고 했다. "너희가 사람의 잘못을 용서하면 너희 하늘 아버지께서도 너희 잘못을 용서하시려니와 너희가 사람의 잘못을 용서하지 아니하면 너희 아버지께서도 너희 잘못을 용서하지 아니하시리라"(마 6:14-15).

의미 있는 삶을 누리기 위해서는 기도의 사역에 동참하는 일이 꼭 필요하다. 이때 그 기도는 하나님께서 당신을 빚고 변화시키시는 바로 그 자리에서부터 시작되어야 한다.

당신의 목회자를 위해 기도하라

대다수의 교인들은 목회자들이 겪는 어려움을 전혀 모른다. 그들은 목회자들이 그저 매주 몇 시간 정도 설교를 준비하거나 이따금 성도들을 심방할 뿐이라고 여기곤 한다. 그들은 대부분의 목회자들이 아예 퇴근이 없는 삶을 살아간다는 것을 미처 알지 못하고 있다. 실제로 많은 목회자들은 항상 대기 중인 채로 살아가고 있으며, 누군가로부터 늘 감시와 지적의 대상이 되곤 한다.

여기서 몇 가지 사례를 살펴보자.

애런(Aaron)은 미주리주의 한 교회를 담임하고 있다. 그 사역을 맡은 지 사 년쯤 되었을 때, 그는 나와 함께 일련의 화상 통화 시간을 갖기 시작했다. 당시 나는 그의 코치 역할을 하면서 몇 가지 조언과 통찰을 제시했다. 그리고 이 대화들 가운데서, 나는 종종 말하기보다 듣는 데 더 많은 시간을 보냈다. 이는 대부분의 목회자들이 깊은 외로움에 시달리며, 누군가 자신의 말을 듣고 이해해 주기를 갈망하기 때문이다.

대개 나는 이런 상담 중에 나눈 대화들을 녹음해 두지 않는다. 하지만 당시 애런의 말들은 뚜렷이 기억나는데, 이는 아마도 그가 깊은 마음의 고통을 겪고 있었기 때문일 것이다. 우리의 이야기는 목회자들 사이에서 흔히 나오는 다음의 질문으로 시작되었다. "페이스북에서 저를 헐뜯는 사람들에게 어떻게 대처해야 할까요?"

그는 교회의 한 직원이 사임한 뒤 교회를 떠난 대여섯 명의 교인들이 소셜 미디어에서 자신을 비난하고 있다고 설명했다. 당시 그 직원은 일종의 도덕적인 허물 때문에 해고되었고, 애런은 적절하게도 그 사건의 세부 내용들을 교인들에게 전부 알리지는 않았다. 하지만 이 교인들은 그의 공식적인 해명을 받아들이지 않았던 것이다.

애런은 잠시 시선을 돌리면서 생각을 가다듬은 후에 이렇게 말했다. "저희 교회는 그들을 통제할 권한이 없습니다. 그들은 멋대로 저에 관해 끔찍한 말들을 늘어놓곤 하지요. 제 가족들이 무척 걱정됩니다. 제 두 딸은 열한 살과 아홉 살인데, 학교에서 그 글들에 관한 이야기를 듣는다고 하네요. 교회에서는 어렵게 내린 제 결정을 지지하지만, 이 몇몇 사람들이 제 삶을 비참하게 만들고 있습니다."

마커스(Marcus)는 지금 내가 상담 중인 또 다른 목회자다. 그는 캘리포니아주 북부의 한 초교파 교회를 담임하고 있다. 최근의 대화에서 내가 어떻게 지내느냐고 묻자, 그는 자신의 상황을 곧바로 털어놓았다.

"물어보셨으니 말씀드리겠습니다." 그는 다소 슬

픈 미소를 지으면서 이렇게 말했다. "오늘 아침의 일과는 세 통의 악의적인 편지를 받는 것으로 시작되었네요. 두 개의 이메일과 누군가 익명으로 보낸 한 통의 편지가 그것들이었지요. 대개는 한 달에 두 통 이상 잘 오지 않는데 오늘은 한꺼번에 그 편지들을 받으니 마음이 어렵더군요."

우리는 그 편지들의 배후에 놓인 이슈들에 관해 잠시 이야기를 나누었는데, 서로 연관은 없는 것들이었다. 그는 계속 자신의 하루를 설명해 나갔다.

"오전에는 몇 가지 일상적인 업무를 처리한 뒤 병원에 갔습니다. 교회의 한 집사가 제 친한 벗인데 암으로 죽어 가고 있거든요. 그에게는 어린 자녀가 셋이나 있기에 볼 때마다 마음이 무척 아픕니다. 그의 곁에 있을 때는 울지 않으려고 애를 써야 하지요. 그는 담담히 떠날 준비가 되었다고 말하지만, 도저히 그 친구를 보내 주기가 힘드네요."

마커스는 깊이 숨을 내쉬고서 더 고무적인 일들로 화제를 돌렸다. "지난 석 달 동안 한 사업가를 만나서 차를 마시고 식사해 왔습니다. 그분은 종교와 신앙, 그리스도에 관해 많은 질문을 품고 있었어요. 그런데 오늘 무언가 마음이 통한 것 같습니다. 서로 예수님에 관해 이야기를 나누는 동안에 그분의 표정이 밝아지더군요. 머지않아 신자가 되실 것 같아요. 무척 격려가 되는 순간이었습니다."

그런 다음에 그는 오후에 있었던 일들을 이야기했다. "저는 설교 준비를 위해 오늘 네 시간을 따로 떼어 두었는데, 중간에 신경 쓸 일들이 세 가지나 생겨서 두 시간밖에 채우지 못했네요. 오늘밤 늦게까지 해 봐야 할 것 같습니다. 오후 다섯 시에 잡힌 이 대화 시간도 거의 취소할 뻔했지만, 목사님과 꼭 이야기를 나누고 싶어서 그럴 수가 없었습니다."

그리고 한 시간 동안의 대화를 마치면서 마커스가 자기 휴대폰을 잠시 확인했다.

"으휴." 그는 이렇게 중얼거리더니 이내 정신을 차렸다. "죄송합니다." 그는 우리가 여전히 화상 통화 중이었음을 깨닫고 이렇게 말했다. "교회에서 저를 가장 괴롭히는 교인이 문자를 보냈네요. 바로 이 문제를 처리해야 할 것 같습니다."

그는 노트북 화면을 정면으로 응시하면서 이렇게 말했다. "목회라는 게 정말 롤러코스터를 타는 것과 비슷하지 않은가요? 과연 이 오르내림에 익숙해질 때가 올지 모르겠습니다."

지금 교회의 성도들 앞에 주어진 과업은 기도이며, 그중에는 자신의 목회자를 위해 구하는 일 역시 포함된다. 사탄은 각 지역 교회들을 무너뜨리고 파괴하려 하며, 그의 주요 표적 중 하나는 바로 목회자들이다.

내가 교회의 목사로 섬길 때, 프랜시스 메이슨이 나를 위한 중보 기도 사역을 조직한 적이 있다. 당시 백 명이 넘는 교인들이 매일 나를 위해 기도했는데, 이는 나와 내 사역을 위해 연간 삼만 오천 번 이상의 기도가 드려졌음을 뜻했다. 그리고 이 강력한 기도의 사역들은 내 삶을 변화시키는 동시에 우리 교회에도 엄청난 변화를 가져왔다.

당시 이 교인들은 하루에 일 분씩만 시간을 내서 나를 위해 기도해 달라는 부탁을 받았다. 많은 이들이 기억하기 쉽게 매일 정오에 잠시 기도했고, 어떤 이들은 더 오랜 시간을 할애했다. 개중에는 나를 위해 날마다 한 시간씩 기도한 이들도 있었다.

나는 이들의 복된 기도에 깊은 감사를 느끼면서 더욱 겸손한 마음으로 사역을 감당하였다.

그들이 나를 위해 기도해 준 일부 제목들은 이러하다.

- 내 설교에 성령의 기름 부으심이 있기를
- 내 식구들 하나하나를 위해
- 나를 여러 낙심 가운데서 보호해 주시기를
- 나를 온갖 유혹에서 지켜 주시기를
- 내게 분별력을 주시기를
- 안 믿는 이들에게 신앙을 나눌 기회들을 주시기를
- 기도에 헌신하는 목회자가 되기를
- 내 사역의 리더십을 위해
- 비판자들에게 잘 대처할 수 있도록
- 교회의 나아갈 방향을 바르게 파악하도록
- 내 신체적인 건강
- 탈진하지 않도록
- 교회 직원들과의 관계
- 내 결혼 생활

여러분은 자신의 지역 교회를 통해 이 세상을 변화시키는 동시에 의미 있는 삶을 살아갈 수 있다. 아마도 여러분이 할 수 있는 가장 큰 기여 중 하나는 자신의 교회와 그 목회자를 위해 기도하는 일이다.

기도의 능력은 여러분의 목회자를 변화시킬 것이다.

기도의 능력은 여러분의 교회를 변화시킬 것이다.

기도의 능력은 여러분 자신을 변화시킬 것이다.

지금 바로 시작하라. 날마다 일 분씩이라도 여러분의 목회자를 위해 기도하기 바란다.

교회의 다른 지체들을 위해 기도하라

나는 이 기도 방식을 에블린(Evelyn)이라는 여성에게서 배웠는데, 그녀는 우리 팀이 컨설팅을 진행했던 교회의 교인이었다. 그녀는 매일 십 분씩 다른 교인들을 위해 기도한다고 했다. 다섯 명의 교인들을 위해 오 분간 기도하고, 나머지 오 분 동안에는 각 사람에게 문자나 이메일을 보내서 자신이 그들을 위해 기도했음을 알린다는 것이었다.

그렇다. 십 분이면 충분하다.

이제 그녀의 이야기를 더 자세히 나누어 보겠다.

우리는 에블린의 교회에서 컨설팅을 하던 중에 그녀에 관한 이야기를 들었다. 당시 그 교회는 쇠퇴에서 성장세로 돌아선 지 얼마 되지 않은 공동체였다. 내가 그곳의 목회자에게 컨설팅을 원하는 이유를 묻자, 그는 지금의 추세를 계속 이어 가고 싶다고 했다. 무

엇이 이런 전환의 계기가 되었는지를 물었을 때, 그는
솔직히 잘 모르겠다고 고백했다.

　이후의 인터뷰들에서, 많은 이들이 에블린의 이름
을 언급했다. 그녀는 이미 우리의 인터뷰 대상 목록에
올라 있었기에, 나는 그녀를 꼭 만나서 직접 이야기해
보아야겠다고 생각했다.

　이후의 만남에서 그녀가 이렇게 기도하고 문자와
이메일을 보내는 자신의 활동을 설명했을 때, 나는 교
인들의 연락처를 어떻게 얻었는지 물었다.

　그녀는 담담한 어조로 이렇게 답했다. "제가 직접
물어보았어요. 그분들을 위해 기도하는 일 외에 다른
용도로 쓰지 않겠다고 약속했죠. 그랬더니 거절하는
분이 아무도 없었어요."

　에블린이 기도 사역을 시작한 후 얼마 지나지 않
아 두 명이 그 사역에 동참했다. 세 사람은 전 교인들
을 각기 나누어 맡았으며, 이를 통해 각 교인들이 더
자주 그 기도의 유익을 누리게 되었다. 그리고 시간이
지나면서 더 많은 이들이 그 사역에 헌신했다. 우리가
컨설팅을 진행할 무렵에는 열한 명이 그 사역을 이어
가고 있었는데, 이는 매일 쉰다섯 명의 교인들이 기도
받고 있음을 뜻했다. 그곳의 전체 교인이 사백오십 명

이었기에 각 사람이 연간 마흔다섯 번 가량 그 유익을 누렸는데, 이는 거의 일주일에 한 번 꼴이었다.

이는 실로 행동하는 기도였다.

에블린의 사역을 살피면서, 우리는 그녀가 기도를 시작한 지 일곱 달 만에 교회의 쇠퇴 추세가 멈췄다는 것을 발견했다. 그로부터 넉 달 후에는 그 교회가 십여 년 만에 처음으로 다시 성장하기 시작했다. 이 둘 사이의 인과관계가 입증될 수 있을까? 그렇지는 않다. 그러면 아마 기도가 중요한 역할을 했을 것이라고 말할 수 있을까? 물론이다.

교인들과의 인터뷰에서 우리가 직접 들은 몇몇 말들은 이러했다.

- ○ "에블린의 사역이 성장하기 시작하면서 교회 전체의 분위기가 훨씬 좋아졌어요."
- ○ "이 기도 사역이 생기기 전까지 우리 교회는 그저 현실에 안주하고 있을 뿐이었지요."
- ○ "일부 교인들은 이 기도들이 응답되는 것을 보고 깜짝 놀랐어요. 이 일을 계기로 그분들의 태도가 달라졌지요."
- ○ "교회에서 마지막으로 분쟁이 있었던 게 언제인

지 기억도 안 나요. 이게 다 에블린의 사역 덕분이
라고 확신합니다."

그 모습이 여러분의 마음속에 그려지는가? 나중에
다른 이들이 그 기도 사역에 합류하긴 했지만, 에블린
홀로 감당했더라도 그 사역은 여전히 성공을 거두었을
것이다. 이것이 바로 한 신실한 교인이 기꺼이 헌신할
때 나타나는 기도의 능력이다.

여러분도 각자의 교회에서 에블린 같은 존재가 될
수 있다. 그녀의 사역을 그대로 따라할 필요는 없지
만, 어디서든 그 일을 시작해야 할 것이다. 나는 다양
한 형태와 규모의 기도 사역이 여러 교회들의 변화와
성장에 핵심 역할을 해 왔음을 확신한다.

끝으로 릴리언 앤더슨(Lillian Anderson)을 언급하고
싶다. 코로나19에 걸려 세상을 떠난 그녀는 1980년
대 후반에 내가 담임했던 세인트피터스버그 교회(St.
Petersburg)에서 에블린과 유사한 사역을 감당했다. 당
시 그 교회는 여러 해 동안 하락세를 겪다가 조금씩
회복되기 시작했다. 여러 요인이 이 일에 기여했겠지
만, 나는 그때 하나님이 릴리언의 기도를 주된 방편으
로 들어 쓰셨을 것이라고 믿는다. 장차 우리가 하늘에

들어갈 때, 하나님은 그분이 어떻게 릴리언과 에블린 같은 기도의 사람들을 택하셔서 여러 교회를 다시 살리셨는지를 보여 주실 것이다.

이제 교회를 위한 기도의 힘을 믿게 되었는가? 지금이 바로 릴리언이나 에블린 같은 존재가 될 때인지도 모른다. 교우들을 위해 기도할 길을 찾아보라. 앞서 이것을 '급진적인 기도'로 불렀지만, 실상 지극히 정상적인 그리스도인의 삶에 속한 일부이다.

추수할 일꾼들을 위해 기도하라

앞에서 내가 한 교회의 헌신된 교인이 된 과정을 이야기한 바 있다. 그 후 여러 해 동안, 나는 거의 매 주말마다 여러 다른 교회에서 말씀을 전했다. 하지만 그 뒤에 나는 한 동네 교회에 머물면서 성경적인 교인의 역할을 감당하기로 다짐했는데, 이는 깊은 만족감을 주었다. 나는 교회 생활의 생동감 있는 리듬을 사랑하며, 매 주일의 사역이 조금씩 성장하고 발전하는 모습을 보면서 큰 기쁨을 느낀다. 그리고 아들 제스가 담임하는 교회에서 섬기는 것 역시 보람찬 일이다.

지난 몇 년간, 우리는 매 주일 예배를 마칠 때마다

이 본문을 함께 낭독했다.

> 무리를 보시고 불쌍히 여기시니 이는 그들이 목자 없
> 는 양과 같이 고생하며 기진함이라. 이에 제자들에게
> 이르시되 추수할 것은 많되 일꾼이 적으니 그러므로
> 추수하는 주인에게 청하여 추수할 일꾼들을 보내 주
> 소서 하라 하시니라(마 9:36-38).

매주 이 본문을 낭독하면서, 우리가 이 추수할 일
꾼들을 위한 기도에 더욱 마음을 쏟고 집중해야 한다
고 생각하게 되었다. 예수님은 추수할 들판의 주인이
시며, 우리에게 더 많은 일꾼들을 보내 달라고 기도할
것을 분부하고 계신다.

예수님은 우리를 부르시고 택하셔서 그분의 복음
을 온 세상에 전하고 나누게끔 하신다. 마태복음 28장
18-20절과 사도행전 1장 8절의 대위임령 본문들은 우
리가 세상에 나아가서 그 복된 소식을 전파해야 함을
분명히 보여 준다. 예수님은 더 많은 제자들이 그분의
증인이 되기를 원한다고 말씀하고 계신다.

여러분은 이 본문의 요점을 제대로 알아볼 수 있
겠는가? 이 본문에 따르면, 우리의 중요한 과업은 교

회에 데려올 더 많은 '전도 대상자'를 찾는 것이 아니다. 오히려 그 과업은 그들에게로 나아갈 더 많은 일꾼을 찾아내는 데 있다.

우리가 의미 있는 삶을 살기 위한 가장 강력한 방법 중 하나는 이 마태복음의 가르침에 순종하는 데 있다. 여러분은 많은 이들을 그리스도께로 인도하는 하나님의 계획에 속한 일부분이 될 수 있다. 이때 여러분의 사역 가운데는 추수할 일꾼을 더 많이 보내 주시기를 꾸준히 기도하는 일이 포함되어야 할 것이다.

몇 명의 교인만이라도 이 기도를 계속 이어 갈 때, 오늘날 우리의 교회들은 새로운 생명과 소망의 징조들을 보게 될 것이다.

여러분은 그 추수할 일꾼들을 위해 기도할 준비가 되었는가? 그 목표를 놓고 신실한 마음으로 계속 기도할 수 있겠는가?

여러분이 속한 교회의 사역을 위해 기도하라

어떤 교회가 사람들에게 복음을 전하고 제자로 삼으며 그들의 삶을 변화시키는 사역을 잘 수행해 나가는 모습을 볼 때, 나는 대개 기도가 그 토대에 있음을 발견하게 된다. 이에 관해 다음의 예를 살펴보자.

페이스 장로교회(Faith Presbyterian Church)는 '삶 모임 (Life Group)'이라는 소그룹 기도 사역을 진행해 왔는데, 이 사역은 지난 여러 해에 걸쳐 상당한 열매를 맺었다. 이 삶 모임에 참여하는 교인들은 교회 생활에 더 깊이 헌신하는 경향이 있었다. 그들은 다른 이들을 자기 집에 자주 초대하고 날마다 성경을 읽었으며, 교회의 여러 사역에도 열심히 동참했다. 또한 교회와 이웃을 위한 나눔에도 더 풍성히 참여했다.

이 나눔의 문제에 관해 한 재정 담당자가 연구를 수행한 결과, 삶 모임에 속한 지체들은 그렇지 않은 이들보다 한 사람당 열두 배가 넘는 액수를 헌금한 것으로 드러났다. 놀라운 차이였다.

그러나 최근 몇 년간 삶 모임 사역은 상당한 어려움을 겪었다. 그 교회에서는 이전까지 매년 적어도 하나 이상의 새로운 삶 모임이 시작되어 왔지만, 이제 그곳의 교인들은 현재의 모임을 떠나서 새 모임을 만들기를 꺼리는 모습을 보였다. 그 과정에서 교회 출석률이 감소했고, 헌금도 줄어들었다.

이때 어떤 이가 매주 교회 홈페이지에 삶 모임을 하나씩 홍보하고 주일 예배에서도 그 모임을 소개해 보자고 제안했다. 그리하여 매 주일 예배 때, 온 회중은 각 모임의 지체들을 위해 기도하도록 요청 받았다. 그런 다음에는 그들이 누구인지 교인들이 실제로 볼 수 있게 그 지체들이 일어서서 인사하는 순서를 가졌던 것이다. 그 교회에는 열한 개의 성인 삶 모임이 있었기에, 각 모임이 적어도 석 달에 한 번씩은 그 기도의 혜택을 누리곤 했다.

그 일은 뚜렷이 긍정적인 결과를 가져왔다. 교회 출석률이 증가하고 헌금도 늘어났던 것이다. 이후 일 년 안에 세 개의 새로운 삶 모임이 시작되었는데, 이는 교회 역사상 이전에는 단 한 번밖에 없었던 기념비적인 사건이었다.

여기에는 단순하면서도 심오한 요점이 담겨 있다. 대부분의 교회에서는 다양한 사역과 프로그램을 진행하는데, 교인들이 그 일들을 위해 꾸준히 기도하는 경우는 과연 얼마나 될까? 지금 여러분의 기도 목록에는 자신이 속한 교회의 프로그램과 사역을 위한 기도가 포함되어 있는가? 그 기도가 교회에 실제로 미칠 수 있는 깊고 풍성한 영향력을 한 번 생각해 보라.

여기서 또 다른 사례를 소개하려 한다. 2020년의 팬데믹은 많은 교회들이 디지털 사역을 확대하게 만들었다. 그중 일부 교회들은 온라인 예배의 시청자들을 어떻게 다루어야 할지 몰라 그들이 그저 익명의 참여자로 남기도 했다. 하지만 다른 교회들은 이 가상의 예배 참석자들을 하나님이 주신 귀한 사역과 섬김의 대상으로 여겼다. 한 예로, 미시간주의 어느 교회는 예배가 온라인으로 중계되는 동안과 그 이후에 기도 요청 링크가 화면에 뜨게끔 했다. 당시 이에 대한 사람들의 반응은 더디게 시작되었지만 꾸준히 증가하는 모습을 보였다. 이후 온라인 시청자들의 수는 조금씩 줄어들었으나, 교회에 들어오는 기도 요청 건수는 줄지 않았다. 심지어 인도네시아의 한 무슬림 남성은 매주 교회에 연락해서 기도를 부탁했다.

팬데믹 당시의 격리 조치가 끝난 지 몇 달 뒤, 온라인 기도 사역을 통해 처음 교회와 접촉했던 네 가정이 직접 그곳에 출석하기 시작했다. 어쩌면 지금 하나님은 여러분을 이 온라인 참여자들을 위한 기도 사역으로 부르고 계실지도 모른다. 교회에 이미 그런 사역이 있다면, 지금 그 사역에 동참할 수 있을 것이다. 만약 그 사역이 아직 없다면, 바로 여러분이 그 일을 시작하도록 부름 받은 것일 수도 있다. 여러분은 이 일을 통해 교회에 엄청난 영향력을 미칠 수 있으며, 의미 있는 삶을 향한 또 하나의 발걸음을 내딛게 될 것이다.

당신의 지역 사회를 위해 기도하라

조지아주의 한 교회는 예배당에서 차로 십 분 거리 안에 있는 모든 길과 집 주소가 담긴 디지털 지도를 만들었다. 그 지도에는 약 삼천 가구에 관한 정보가 담겨 있었으며, 이후 교회의 로비에 게시되었다. 열 명의 교인들이 각기 하루에 열 가구를 위해 기도하기로 자원했으며, 이는 매일 백 가구에 이르는 규모였다. 교회의 목표는 매달 그 지도 안의 모든 가구를 위해 기도하는 데 있었다.

당시 그들의 계획은 매달 다른 주제에 초점을 맞추면서 여섯 달에 걸쳐 그 사역을 이어 가려는 것이었다. 각 가정들의 구원과 결혼 생활, 자녀 문제와 정서적인 아픔, 중독의 극복과 교회로의 초청 등이 그 제목들이었다.

이 교회의 평균 출석 인원은 겨우 오십 명 정도였다. 그래서 그들에게는 이 사역에 동원할 수 있는 인력과 자원의 규모가 크지 않았다. 하지만 그들은 기도에 헌신했고, 여섯 달 동안 꾸준히 그 기도에 집중했다. 비록 그 사역의 외적인 목표가 교인 수의 증가에 있지는 않았지만, 그 회중의 규모는 일 년 안에 일흔 다섯 명으로 늘어났다. 교인들은 이처럼 기도가 눈에 띄는 변화를 만들어 내는 모습을 보면서 깊은 감명을 받았다.

석 달 간의 휴식기를 가진 뒤, 그들은 다시 이 사역을 시작했다. 내가 이 글을 쓰는 지금은 그 사역의 두 번째 단계가 진행되는 중이다. 나는 그들이 앞으로도 계속 하나님이 주시는 풍성한 복을 누리게 되리라는 점을 거의 의심하지 않는다.

그리고 내가 인도하는 '호프 이니셔티브' 프로젝트 (HopeInitiative.com을 보라)에서도 이와 유사한 사역을 감당하고 있다. 이 프로젝트에 참여하는 교인들은 자기 동네를 걸어다니면서 각각의 집들 앞에서 기도하고, 때로는 그 가정을 위해 기도했음을 알리기 위해 현관문에 간단한 쪽지를 남겨 둔다.

이처럼 우리의 지역 사회를 위한 기도의 가능성은 무한히 열려 있다. 우리는 지역 사회의 지도자들에게 그들의 기도 제목을 물어보거나, 그들을 위해 기도하고 있음을 알리는 편지를 학교 교사들에게 보낼 수도 있다. 여러 가게의 점주들이 이 기도 운동에 동참하게 만들 창의적인 방법을 고안해 낼 수도 있다. 이처럼 건강한 교회들은 자신의 지역 공동체를 사랑하며 그들을 위해 기도하게 된다.

어디서부터 시작할까

지금 여러분의 교회를 위해 기도할 수 있는 방법은 실로 다양하다. 그 모든 방법을 동시에 실천하기는 어려울 것이 분명하니, 어디서부터 시작하면 좋을까?

첫째, 인도하심을 위해 기도하라. 하나님은 여러분이 예상하지 못했던 사역의 문들을 열어 주실 수도 있다. 다시 말해, 여러분의 기도 자체를 놓고 기도하기 바란다.

둘째, 여러분의 열정을 좇아가라. 이 장의 내용 가운데서 무언가 여러분의 마음에 깊이 와닿은 것이 있는가? 그중 어떤 아이디어나 여러분 자신이 떠올린 다른 접근 방식을 생각할 때 몹시 가슴이 뛰는가?

셋째, 확신이 서지 않으면 먼저 여러분의 목회자를 위해 기도하라. 나는 매일 성도들의 기도를 필요로 하는 상처 입은 목회자들을 대면하곤 한다. 이에 관해서는 자신의 담임 목사를 위해 기도하는 법에 관한 삼십 일 간의 안내서인 내 책 *When the People Pray*(사람들이 기도할 때)를 참조하라. 목회자가 영적인 문제나 정서적인 압박을 겪는 곳에서는 건강한 교회가 세워지기 어렵다.

기도의 삶이 없이는 의미 있는 삶도 없다. 하나님이 여러분을 지금 이 시기에 여러분이 속한 교회 안에 두신 것은 그곳에서 기도의 통로로 쓰임 받게 하시기 위함이다. 성경에는 신자들에게 기도를 분부하는 말씀이 가득 담겨 있다. 한 예로, 바울은 로마 교회를 향해 이렇게 권면한다. "소망 중에 즐거워하며 환난 중에 참으며 기도에 항상 힘쓰며"(롬 12:12).

"기도에 항상 힘쓰라." 이것은 이천 년 전 하나님이 로마의 신자들에게 주신 명령이며, 그 명령은 오늘날 우리 앞에도 주어져 있다.

이는 교회의 지체로 살아가는 급진적인 그리스도인들이 헌신해야 할 하나의 중대한 과업이다.

* 우리 교회를 깨우는 세 가지 나눔

1. 우리가 교회의 지체로서 활발한 기도 사역을 감당하기 위해 먼저 자신을 위한 기도가 필요한 이유는 무엇인가?

2. 여러분이 속한 교회의 성도들을 위한 기도 사역을 구상한다면, 그 사역은 구체적으로 어떤 모습을 띠겠는가?

3. 우리가 속한 교회의 목회자를 위한 기도가 중요한 이유는 무엇일까?

2.

삶의 중심을
예배에 고정하는
거룩한 고집을 가지다

알렉스(Alex)는 삼 주 동안 교회에 나오지 않았다.

오늘날 많은 교회는 비교적 짧은 기간의 결석을
별 일 아닌 듯이 받아들인다. 긴 휴가나 장기간의 출
장을 떠났다면 삼 주 정도 나오지 않을 수도 있다고
여기는 것이다. 대부분의 교회에서는 아마 알렉스가
예배에 출석하지 않은 사실조차 눈치 채지 못했을 것
이다.

하지만 이 이야기는 오늘날이 아니라 1993년 당시
의 일이다. 여기서 내가 과거로의 회귀를 주장하거나

그 '좋았던 때'를 그리워하는 것은 아니지만, 당시 대다수의 교회는 교인들의 출석에 관해 지금과는 다른 기대를 품고 있었다. 그리하여 알렉스의 결석은 많은 이들의 관심을 끌었다.

당시 알렉스는 서른 살이 넘은 이혼남으로, 동네에 가까운 친족이 없었다. 그는 우리 교회의 활동에 적극 참여하는 교인이었다. 거의 빠짐 없이 매 주일 예배를 드리고 성경공부 모임에 참석했으며, 여러 사역에 신실하게 헌신했다. 거의 모든 면에서, 그는 이상적인 교회의 지체였다.

그렇기에 두 주나 결석하는 것은 알렉스답지 않은 일이었고, 삼 주는 더욱 그러했다. 다행한 일은 우리가 그의 빈 자리를 이내 알아차렸다는 것이다. 당시 우리 교회에서 교인 개개인의 예배 출석 현황을 체크하지는 않았지만, 성경공부 모임에는 그런 체제가 자리 잡고 있었다. 그는 삼 주 연속으로 그 모임에 빠진 상태였다.

당시 성경공부 모임들은 인격적이면서도 체계적인 방식으로 운영되었다. 그 체계적인 접근법 가운데는 매 주일 결석자들에게 '보고 싶어요'라는 제목의 카드를 보내는 일도 포함되어 있었다. 알렉스가 처음 결석한 이후의 월요일에 곧 그 카드가 발송되었다.

또 어떤 이가 연속으로 두 주를 빠지면 그에게 전화로 연락하게 되어 있었다. 당시 그 모임의 여러 지체들이 알렉스를 걱정하면서 전화했지만 연락이 닿지 않았다. 1993년 당시에는 아직 휴대폰이 대중화되지 않았으며, 많은 이들이 음성 사서함을 갖추지 않은 상태였다(다만 어떤 이들은 자동 응답기를 소유하고 있었다). 그렇기에 어떤 이가 타 지역에 가 있을 때 연락이 닿지 않는 것은 다소 흔한 일이었다.

적어도 그때까지 우리는 알렉스의 상황을 이렇게 추측했었다. 그는 영업 분야에서 일하면서 자주 출장을 다녔지만, 대개는 주일 이전에 집으로 돌아오곤 했다. 우리는 그가 장기간의 출장 중일 것으로 여기고, 한 주 더 기다려 보기로 했다.

그러나 알렉스가 세 번째 주일에도 나타나지 않자, 그가 속한 모임의 지체들은 완전한 경계 태세에 들어갔다. 카드 발송과 전화로도 연락이 닿지 않았으니, 이제 그의 집을 방문할 차례였다.

알렉스와 친한 남자 교인 셋이 가까운 거리에 있는 그의 집으로 차를 몰고 찾아갔다. 이들은 각기 그에게 전화를 걸었으나 전혀 연결이 되지 않아 당황한 상태였다. 그에게 무슨 일이 생긴 것이 분명했다.

알렉스의 집 문을 노크했지만 아무 응답이 없었다. 이에 그들은 더 크게 문을 두드리고 여러 번 초인종을 눌렀다. 마침내 알렉스가 나타나서 문을 열었고, 그 모습은 그들에게 상당한 충격을 주었다.

당시 그는 주일 오후인데도 여전히 잠옷 차림이었다. 그의 얼굴은 몇 주 동안 면도하지 않은 것이 분명했으며, 눈은 붉게 충혈된 채로 퉁퉁 부어올라 있었다. 그의 몸에서는 한동안 샤워나 목욕을 하지 않은 듯한 냄새가 났다.

그 교인들은 이렇게 초췌한 알렉스를 본 적이 없었다. 평소 그는 늘 외모와 자기 관리에 신경을 쓰는 편이었기 때문이다. 무언가 분명히 문제가 있었다.

마침내 알렉스에게 자초지종을 들을 수 있었다. 그는 약 삼 주 전쯤에 어머니가 돌아가셨다고 했다. 알렉스의 어머니는 그가 이혼 과정에서 힘들어할 때 든든한 반석이 되어 주었으며, 이후 어머니와 친밀한 관계를 유지해 오고 있었다. 그렇기에 그분의 죽음은 그를 깊은 우울증에 빠뜨렸던 것이다. 당시 그는 일주일 간 직장에 병가를 신청하고, 그 후에는 두 주 간의 휴가를 낸 상태였다.

교인들이 그 다음 주에는 어떻게 할 계획이었는지 묻자, 그는 거의 감정이 담기지 않은 목소리로 이렇게 말했다. "자살할 생각이었어요."

이후 교인들은 알렉스가 의사와 상담사들의 도움을 받게끔 주선했다. 그 치유의 과정이 쉽지는 않았지만, 그는 조금씩 우울증에서 벗어나서 마침내 정상적인 삶의 흐름을 되찾았다. 그 친구들이 말 그대로 그의 목숨을 건져 낸 것이다. 사실상 교회 공동체가 그를 살린 것이었다.

이런 알렉스의 이야기가 평범하지는 않지만, 완전히 예외적인 것도 아니다. 지금 많은 사람들이 고통 중에 살아가고 있으며, 사도 바울은 교회의 지체들이 서로의 삶에 관심을 품고 돌보아야 함을 다음과 같이 상기시킨다.

이를 통해 각 지체 간의 조화가 이루어지며, 모든 지체들이 서로를 돌보게 됩니다. 몸의 한 부분이 고통을 받으면 다른 모든 부분들이 함께 아파하며, 몸의 한 부분이 영광을 얻으면 다른 모든 부분들이 함께 기뻐합니다. (고전 12:25-26, NLT)

당시 우리 교회에는 주위의 동료 교인들이 관심을 보이게끔 만드는 경고 신호들이 있었으며, 그중 일부는 출석의 문제에 직접 연관되어 있었다. 우리는 누군가의 출석 패턴이 달라졌을 때 그에게 무슨 일이 생겼음을 직감하곤 했다.

다시 말하지만, 나는 과거의 모습을 그리워하면서 그때로 돌아가자고 말하려는 것이 아니다. 다만 교회 출석이 여러 이유에서 중요하다는 점을 교회 지도자와 성도들에게 일깨우려 할 뿐이다. 이때 그 이유 가운데는 위에서 살핀 알렉스의 경우에서 보듯 실질적인 사역상의 필요성도 포함된다.

이 장의 나머지 부분에서, 우리는 성도들의 꾸준한 출석이 중요한 다른 이유들을 살펴보려 한다. 우리는 또한 그들의 출석을 기대하는 일이 율법주의적이거나 비성경적이지 않음을 보여 줄 것이다. 교인들은 마땅히 교회에 출석하며 한곳에 함께 모여야 한다. 실제로 신약에서 교회를 지칭하는 데 쓰인 원래 단어의 의미도 바로 여기에 있다.

에클레시아의 의미

고대 그리스의 도시 국가들에서, '에클레시아(ekklesia)'는 곧 시민들의 집회를 지칭하는 용어였다. 문자적으로 이 단어는 '불려 나온 이들'을 의미했다. 당시 그들은 집과 일터에서 불려 나와서 함께 시민 공동체의 주요 업무를 논의하고 수행했던 것이다. 그들은 곧 한데 모이기 위해 불려 나온 이들이었다.

신약에서 '에클레시아'는 교회를 나타내는 데 가장 많이 쓰인 단어이기도 하다. 세속 시민들과 마찬가지로, 교회의 지체들 역시 한데 모이도록 불려 나온 이들이었다. 이처럼 당시의 교회가 함께 모이도록 만들어진 공동체였음을 꼭 기억해야 한다.

이 단어가 오늘날 우리에게 가르쳐 주는 것은 무엇일까? 첫째, 당시의 '에클레시아'는 실제로 건물이 아닌 사람들을 지칭하는 표현이었다. 따라서 어떤 이들이 '교회는 건물이 아닌 사람들로 이루어진다'고 말하는 것은 분명히 옳다. 둘째, 이 단어가 지닌 본래의 의미를 기억해야 한다. '에클레시아'는 곧 각자의 집과 가족 바깥으로 불려 나와 교회 식구들과 한데 모이는 이들의 공동체다. 이 용어는 특정한 시설이나 장소보다 그 모임 자체에 초점을 두고 있다.

앞에서 살폈듯이, 고대 그리스의 '에클레시아'는 정부와 사회의 주요 문제를 다루는 엄숙하고 진지한 모임이었다. 당시 가장 중요한 집회 중 하나였던 것이다.

당시의 교회가 자신들의 공동체를 지칭하는 용어로 '에클레시아'를 채택했을 때, 그들 역시 이 표현을 유사한 의도로 받아들였다. 그들에게도 '에클레시아'는 중요한 일들을 수행하려고 한데 모이는 집회였던 것이다. 사도행전 2장 42-47절에 따르면, 그 가운데는 사도들의 가르침을 듣고 교제를 나누며 함께 식사하고 기도하는 일, 헌금을 드리며 함께 예배하는 일이 포함되었다.

마음속에 그 모습이 그려지는가? 이처럼 교회는 함께 모이도록 지음 받았으며, 늘 그 모임에 관한 주님의 명령 아래 있다. 이는 우리가 속한 교회의 동료 신자들과 꾸준히 함께 모이지 않는 한, 참된 의미와 목적이 있는 삶을 살아갈 수 없기 때문이다.

그러면 오늘날 일부 신자들이 이 출석의 가르침을 부담스러워하는 이유는 무엇일까? 명확한 통계는 없지만, 이 신자들의 추세에는 다음의 두 가지 흐름이 영향을 미치고 있는 듯하다.

1. 지금은 '교회는 건물이 아닌 사람이다'를 강조하는 것이 유행인데, 이는 어떤 건물에 모여 예배하는 일이 각자의 개인적인 신앙 표현만큼 중요한 것이 아님을 시사하는 듯하다. 하지만 이런 관점은 지나치게 개인주의적인 것이 될 수 있다. 오히려 성경의 교회는 '모임'과 '흩어짐'의 성격을 모두 지니며, 우리는 어느 한 쪽도 소홀히 하지 않아야 한다.

2. 어떤 이들은 '출석(attendance)'이라는 단어로 교회의 모임을 지칭하는 것을 싫어하는데, 이들은 그 단어가 율법주의적이거나 일종의 강제적인 의무를 나타낸다고 여기는 듯하다. 하지만 우리가 이와 다른 용어를 쓸지라도, 대부분의 사람들은 교회에 '출석하는' 일을 계속 언급할 것이다.

'에클레시아'는 하나의 중요한 목적을 위한 모임을 뜻한다. 고대 그리스 세계에서 그 목적은 시민적인 것이었으며, 신약 교회에서는 신자들을 격려하고 양육하며 서로의 나눔과 섬김을 실천하는 데 그 목적이 있었다. 두 집회 모두 각자의 맥락에서 중요했지만, 교회의 모임에는 무한히 더 큰 의미가 담겨 있다. 이는 하나님

나라의 일들을 받들기 위한 모임이었기 때문이다.

그러면 '모이는 교회'와 '흩어지는 교회'는 서로 어떻게 연관될까? 사실 '에클레시아'는 이 둘 모두였다. 하나님이 신약의 교회를 한데 모이게 하신 이유는 내부의 일에만 관심을 쏟게 하려는 데 있지 않았다. 그 교회는 다시 세상에 나가서 사람들을 주님의 제자로 삼아야 했다. 그러나 초대 교회는 상당히 고된 방식으로 이 교훈을 체득했으니, 이는 그들이 사도행전 1장 8절에 담긴 주님의 말씀을 귀담아 듣지 않고 계속 예루살렘에 머무르다가 마침내 8장 1절의 박해가 닥친 다음에야 사방으로 흩어졌기 때문이다.

모임에서 흩어짐으로

라임스데일 커뮤니티 교회(Limesdale Community Church)는 비교적 짧지만 풍성한 역사를 지녔으며, 이제는 거의 삼십 주년을 향해 가고 있다. 그 대부분의 기간에는 교회 이름에 교단명이 포함되어 있었지만, 십 년 전쯤 그 부분이 '커뮤니티'로 대체되었다. 라임스데일 지역에는 약 사백 가구의 주택이 있으며, 그 도시 전체의 인구는 일만 오천 명 정도이다. 지난 여러

해 동안, 이곳은 주로 젊은 중산층 가정들이 선호하는 거주지였다.

그들 중 다수가 매력을 느낀 것은 바로 이 지역의 학교 시스템이었다. 이곳의 초등학교와 중학교 학생들이 주 전체에서 가장 높은 편에 속한 시험 성적을 거두곤 했기 때문이다.

교회는 그 지역 사회와 함께 성장했고, 그곳에서 많은 가정들이 서로 긴밀한 유대 관계를 형성했다. 이 지역 공동체는 꾸준히 자라 갔으며, 이주자들이 이곳에 정착해서 동화되는 비율도 상당히 높았다.

그러다가 그 지역 사회가 조금씩 달라지기 시작했다. 처음에는 그 변화가 상당히 미묘하게 이루어졌기에, 아무도 그 변화가 정확히 언제부터였는지를 단언할 수 없었다. 아마 그 변화는 그곳에 이주해 온 첫 세대 가정의 자녀들이 중학교를 졸업한 후, 그 가족들이 인근의 다른 고등학교들 근처로 이사하기 시작했을 때부터 생겨났을 것이다. 아니면 그 이유는 경제적인 측면에 있었을 수도 있다. 그곳의 주택들이 이제 어느 정도 낡은 데다가 많은 집주인들이 타 지역으로 이사 가면서 이 지역의 집값이 떨어지기 시작했다. 그리고 이로 인해 다소 소득이 낮은 계층들이 이 지역에 유입

되었던 것이다. 그리고 교회 역시 오랫동안 출석해 온 교인들이 타지로 옮긴 뒤에도 여전히 예배에 참석하면서 일종의 원거리 교인 중심 공동체가 되었다.

그때 이곳의 목회자가 우리 사역 팀에 연락해 왔다. 그의 고민은 교회가 더 이상 성장하지 않는다는 것이었다. 실제 출석률은 지난 오 년간 십이 퍼센트 정도 감소했는데, 이는 연평균 삼 퍼센트 미만에 불과해서 대부분의 사람들은 잘 눈치 채지 못할 정도였다. 하지만 그곳의 리더들은 무언가 잘못되었음을 감지했다. 이제까지 그들은 이렇게 꾸준한 감소를 겪어 본적이 없었으며, 늘 자신들의 교회를 전도와 사역의 모범으로 여겨 왔기 때문이다.

그러나 이제는 그럴 수가 없었다.

교회 리더들을 상대로 한 첫 브리핑 시간에, 어떤 열심 있는 장로가 이렇게 질문했다. "저희 교회의 문제점은 어디에 있을까요?"

나는 다음과 같이 간결하게 답했다. "여러분의 교회가 성장을 멈춘 이유는 지역 사회에 다가가지 않기 때문입니다."

이에 다소 실망이 담긴 사람들의 침묵이 이어졌다. 무언가 더 심오한 답변을 기대했던 모양이었다.

이때 목회자가 다시 말문을 열었다. "이제 저희가 어떻게 하면 좋겠습니까?"

나는 다시 한번 직접적으로 말했다. "지역 공동체에 다가가 보세요."

나는 전에 라임스데일 교회의 성장이 용이했던 이유가 그 교인들이 대부분 인근 지역에 거주했기 때문이라고 설명했다. 그리하여 교인들 간의 관계가 자연스레 형성되었고, 그들이 꾸준히 이웃들을 교회로 초청했던 것이다. 시간이 지나면서 주위의 지역 사회는 달라졌지만 교회는 예전 모습 그대로였다. 그렇기에 다시 성장하기 위해서는 현재의 지역 주민들에게 새롭게 다가가야 했던 것이다. 지금의 주민들이 교회와 연결될 때, 그들은 자연히 이웃을 교회로 인도해 오게 될 것이었다.

그러자 한 장로가 이렇게 대꾸하면서 은연 중에 그 교회가 지닌 더 심각한 문제를 드러냈다. "그러면 잘 알지도 못하는 이들에게 우리 교회의 주도권을 넘겨주는 셈이 될텐데요."

아이코(복음보다 기득권이 우선이었군).

이 말을 통해, 그는 자신들이 교회를 '우리 것'으로 여기고 있음을 시인한 꼴이 되었다. 그들은 새로운 이들을 전도하기보다 교회의 주도권을 유지하는 일을 우선시했던 것이다. 따라서 우리 컨설팅 팀은 그들이 원하는 답을 줄 수 없었다. 그들은 교회의 성장을 갈망하면서도, 그 과정에서 자신들과 다른 유형의 사람들이 그 공동체에 들어오는 일은 막으려 했기 때문이다. 그로부터 이 년 후에도 교회의 완만한 하락세는 계속되었고, 코로나19가 확산되면서 그 추세가 더욱 급격해졌다. 그리고 지금 그 교회는 문을 닫을 위기에 처해 있다.

이런 라임스데일 교회의 현 상황은 예루살렘의 첫 교회가 겪었던 것과 뚜렷이 대비된다. 후자의 경우, 그리스도께서 온 세상으로 나아가라고 명령하신 후에 폭발적인 성장세를 경험했기 때문이다(행 1:8). 사도행전 2장 47절은 당시의 모습을 이렇게 묘사한다. "주께서 구원 받는 사람을 날마다 더하게 하시니라."

언뜻 보기에, 이처럼 예루살렘 교회와 라임스데일 교회 사이에는 아무 공통점이 없어 보인다. 한 교회는 새로운 생기와 활력이 넘쳤던 반면, 다른 교회는 서서히 죽어 가고 있기 때문이다. 하지만 두 교회는 모두 주님의 대위임령에 온전히 순종하지 못했다는 특징이 있다. 처음에 예루살렘 교회의 신자들은 유대와 사마

리아, 그 너머까지 나아가지 않고(행 1:8), 그저 자신들의 지역에 머무르려 했다. 라임스데일 교회 역시 의식적인 전도 활동을 아예 중단했던 것이다.

앞서 언급했듯이, 예루살렘 교회는 혹독한 핍박을 겪은 뒤에야 그 안일한 상황에서 벗어날 수 있었다(행 8:1).

그러면 이 일이 교회 출석률과 어떻게 연관될까? 주님의 '에클레시아'는 모이고 또 흩어지기 위해 존재한다. 만약 어느 회중이 이 모임과 흩어짐의 두 명령에 순종하지 않을 경우, 그 공동체는 자신들의 내부에만 관심을 두다가 그 목적과 방향성을 상실하며 결국 자신의 존재 이유를 잃게 된다.

이같이 교회의 흩어짐이 멈출 때 출석률 역시 감소하는 것이다. 건강한 교회에서는 모임과 흩어짐이 꾸준히 함께 갈 수밖에 없다.

만약 지금 여러분의 헌신이 약화된다고 느낀다면, 이는 여러분이 속한 교회가 자신들의 내부에만 관심을 쏟는 공동체가 되었기 때문일 수 있다. 아니면 여러분 자신의 그런 상태가 문제의 원인일지도 모른다.

교회로부터 멀어지는 이들

출석은 중요하다. 그것은 함께함에 대한 약속이자 헌신이며, 여러분의 말과 행동이 일치함을 드러내는 표지이다. 교회 출석은 일종의 율법적인 규칙이 아니다. 이 일은 다만 여러분이 교회의 삶에 온전히 헌신하고 있음을 나타낼 뿐이다.

나는 근래에 삼십 년 간의 결혼 생활을 그만둔 한 남자와 이야기를 나눈 적이 있다. 그는 어느 날 갑작스럽게 일어난 사건이 아니었다고 했다. 날마다 조금씩 서서히 그 일이 이루어졌다는 것이다. 어떤 극적인 배신도 없었으며, 서로 점점 더 멀어지다가 마침내 둘이 그저 집을 공유하는 사이일 뿐임을 깨달았다고 했다.

지금 많은 교인들도 이런 식으로 교회에서 조금씩 멀어지고 있다. 앞서 코로나19가 발생했을 때, 이 일은 이미 교회를 향한 헌신이 식어 가던 이들에게 일종의 편리한 탈출구가 되었다. 어떤 이들은 잠시나마 온라인으로 예배를 드렸지만, 많은 이들은 아예 교회를 버리고 떠나갔다. 교회 주위에 간신히 머물던 이들이 이제 교회와 완전히 단절되었던 것이다.

그동안 우리가 이 대규모 이탈이 교회에 입힌 피해에 관심을 두어 온 것은 옳았다. 하지만 그 일이 교회를 떠난 이들 자신에게 미친 영향이 간과되어 온 것 역시 사실이다. 신약 성경은 참된 삶이 오직 그리스도 안에서 발견된다고 가르치며, 그리스도는 지역 교회 안에서 서로 섬기며 나누도록 우리를 인도하신다. 따라서 교회 생활의 적극적인 참여를 꺼리는 일은 곧 목적이 있는 삶을 저버리는 것이다. 교회의 활동에 헌신하지 않는 이들은 성도의 교제와 책임을 망각하며, 고린도전서에서 바울이 묘사한 공동체의 사역에서도 멀어지게 되기 때문이다.

의미 있는 삶은 곧 희생적인 태도로 그리스도와 다른 이들을 위해 살아가는 것이다. 그리하지 않을 때, 우리의 삶은 자칫 자기중심성에 빠져 바람직한 영향력을 잃어버릴 수 있다.

그러면 누군가가 교회로부터 멀어지고 있음을 보여 주는 몇 가지 징후들은 무엇일까?

목회자와 다른 교인들을 비판하게 됨

어떤 교회도 완벽하지 않으며, 무언가 지적할 거리를 늘 안고 있기 마련이다. 하지만 여러분이 그런 문제들을 해결하기보다 그 문제들 자체에 초점을 둘 때, 이는 여러분에게도 무언가 문제가 있음을 보여 주는 하나의 경고 신호와도 같다. 이때 여러분은 목회자의 설교를 통해 여러분에게 주시는 하나님의 음성을 듣기보다 그 내용을 스스로 판단하고 평가하며, 교회의 음악 사용이나 예배 길이, 사역 프로그램 등에 대해서도 불만을 늘어놓게 된다.

이때 하나님께 예배하고 동료 교인들을 격려하며 기꺼이 섬기고 나누는 대신에 그저 한 사람의 비판자가 된다. 예수님은 다른 이의 눈에 있는 티끌을 보면서도 정작 우리 자신의 눈에 있는 들보를 보지 못하는 일들에 관해 경고하신다(마 7:5). 비판적인 태도는 다른 이들과의 관계를 손상시키며, 이는 우정과 결혼 생활, 직장과 교회 등의 영역에서 모두 마찬가지다.

다른 교인들과 거리를 두기 시작함

한때 누렸던 친밀한 교제를 생각해 보자. 그 교제는 어떤 기도 모임이나 소모임, 혹은 특정 사역 팀에서 이루어졌던 것일 수도 있다. 이제 여러분은 그들과의 연결 고리가 희미해졌음을 느낀다. 아마 사람들이 계속 연락해 왔지만, 여러분이 미처 응답하지 않은 것일 수도 있다. 혹은 반대로 아무도 여러분의 부재를 알아차리거나 연락해 오지 않았기에 자연히 교회에서 멀어지기도 한다.

예전에 여러분은 먼저 나서서 사람들과의 관계를 유지하고 다른 이들의 교회 정착을 도왔다. 하지만 이제는 여러분 자신이 그런 관계들로부터 멀어지고 있는 것이다. 그리고 여러분은 자신이 곧 교회를 떠난 이가 될 것임을 직감한다.

주일 예배에만 참석하게 됨

여러분은 오랫동안 교회의 예배와 소그룹, 성경공부 반에 참석하고 다양한 사역에 동참해 왔다. 하지만 이제는 오직 주일 예배만을 드릴 뿐이다. 그러면 이런 출석 태도의 문제점은 무엇일까?

몇 년 전, 우리 사역 팀은 누군가가 교회에 '동화'되어 오랫동안 남게 되는 이유를 연구했다. 이때 우리가 알아낸 핵심적인 사실 중 하나는 예배와 소그룹 모두에 꾸준히 참석하는 이들이 교회에 머물 가능성이 예배만 드리는 이들보다 다섯 배가량 더 높다는 것이었다. 적어도 교회 생활의 두 가지 영역 이상에 관여할 때, 신자들의 정착도가 현저히 증가했다.

물론 예배에 참석하는 것은 그 자체로도 훌륭한 일이다. 이때 우리는 하나님의 말씀을 듣고 그분을 찬

양하면서 공통의 경험을 함께 나눌 수 있기 때문이다. 하지만 여기서 멈춘다면 계속 교회에 머물 가능성이 줄어든다. 이때 우리는 동료 교인들과의 관계나 여러 섬김을 통해 교회를 향한 애착심을 형성하지 못할 수 있기 때문이다. 그리하여 시간이 지남에 따라 교회에서 멀어질 가능성이 점점 더 높아진다.

자신이 선호하는 일들에만 집중하게 됨

교회 안의 모든 구성원들은 적절한 사역의 대상이 되어야 한다. 그리스도의 몸인 교회에 주어진 목적 중 하나는 그들의 필요를 섬기는 데 있기 때문이다. 하지만 개인의 취향은 그 바람직한 필요들과 다르다. 개인의 취향을 좇는 이들은 다른 이들보다는 자기 자신에게만 초점을 맞추곤 한다. 이때 여러분은 특정한 예배 스타일과 순서나 예배당의 일부 시설 등에 맹목적으로 집착할 수 있다. 그리고 이런 자신의 취향이 충족되면, 아마 교회 내의 또 다른 불만거리를 찾아나서게 될 것이다. 이같이 자신의 취향에만 집중하는 이들의 욕구는 온전히 채워지는 법이 없기 때문이다.

하나님은 교회를 우리 자신만의 취향에 집중하는 곳으로 만들지 않으셨다. 그분은 그곳을 다른 이들의 필요를 돌보는 데 마음을 쏟는 공동체로 창조하셨다. 고린도전서 12장 25절에서는 우리가 서로를 섬기고 배려해야 한다고 말씀한다. 그리고 13장에서도, 바울은 우리에게 큰 지식과 믿음, 희생적인 헌금과 나눔이 있을지라도 그 안에 사랑이 없다면 아무 유익이 없음을 강조한다. 이 사랑은 곧 자신의 뜻을 강요하지 않는 사랑이다(고전 13:5). 건강한 교회의 성도들은 자신들의 유익보다 다른 이들의 필요를 먼저 돌아본다.

혹시 위의 지표들 중에 여러분 자신에게 해당되는 것들이 있는가? 만약 여러분이 이미 교회를 떠난 상태라면, 이 징후들을 살피면서 그 일의 원인을 헤아려 볼 수도 있을 것이다. 어쩌면 이 책을 읽는 지금, 하나님이 여러분을 교회로 다시 돌아오도록 감화하고 계신지도 모른다. 그분은 지역 교회를 통해 여러분의 인격과 삶을 온전히 사용하시며, 그곳에서 여러분이 진정으로 의미 있는 삶을 경험하게 하시기 때문이다.

진정한 시대의 반항아

만약 교회에 꾸준히 출석한다면, 여러분은 오늘날의 문화에서 상당히 눈에 띄는 존재가 될 것이다. 어쩌면 여러분은 '진정한 시대의 반항아'로 여겨질 수도 있다.

수십 년 전을 돌아보면, 교회 출석은 때로 일종의 법적인 의무 같은 느낌을 주었다. 우리가 교회에 다니는 일이 문화적으로 거의 당연시되었던 것이다. 내가 만나 본 특정 정치인들 같은 일부 인물들은 교회에 가끔씩 나오다가 선거철에는 지지를 얻으려고 더 자주 모습을 드러내곤 했다. 그들 자신의 목적을 위해 교회를 이용했던 것이다.

하지만 이제는 시대가 바뀌었다. 오늘날에는 꾸준히 교회에 다니는 이들이 오히려 소수이다. 이제는 교회에 다니는 일이 문화의 흐름을 거스르는 행동이며, 사회 전반에서는 교회에 가지 않는 것을 당연한 삶의 태도로 여기곤 한다.

하지만 불완전한 소수로서 늘 사람들의 반대에 직면했던 초기 교회의 그리스도인들이 어떻게 세상을 변화시켰는지를 한번 생각해 보라. 당시 그들은 그리스도의 능력을 힘입어서 온 세상을 뒤집어 놓았다.

의미 있는 삶은 오직 우리 안에서 역사하시는 그리스도의 능력을 통해서만 실현될 수 있다. 주님은 우리가 지역 교회의 활동에 능동적으로 참여함으로써 그 복된 삶을 살아가도록 예비해 두셨다. 그러면 우리의 교회 출석은 정말 중요한 것일까?

그렇다. 그 일은 세상을 바꾸어 놓을 수 있다. 그것은 우리 신자들이 감당해야 할 핵심 헌신 중 하나이다.

* 우리 교회를 깨우는 세 가지 나눔

1. '에클레시아'라는 용어는 교회들이 모이는 동시에 흩어져야 함을 어떻게 시사하는가?

2. 여러분이 전에 만난 적극적인 교인들이 이후 덜 적극적인 태도를 보이거나 아예 교회 활동을 내려놓게 되었던 주된 이유들은 무엇인가?

3. 고린도전서 12장과 13장의 내용들은 우리 교인들의 삶과 어떻게 연관되는가?

3.

관계 속에서 증명되는
살아 있는 제자도를
학습하다

누구에게나 댄(Dan) 같은 사람이 필요하다. 적어도 인생의 어느 한 시기에는 그런 사람을 마주할 필요가 있다. 내가 플로리다주의 한 교회를 담임할 때, 댄이 내 삶에 나타났다. 당시 교회에 찾아온 그는 세 가지를 요청했다. 음식과 하룻밤 머물 곳, 그리고 그리스도인이 되는 법에 대한 정보가 그것이었다. 솔직히 말해, 그 세 번째 요청을 듣고 조금 흥분했었다.

이후 댄은 그리스도인이 되었을 뿐 아니라 그때까지 내가 접해 본 이들 가운데서 가장 헌신적인 주님의 제자 중 하나가 되었다. 우리의 첫 만남 이전까지, 그는 교회 건물에 한번도 들어와 본 적이 없었다. 그래서 그는 우리 교회에서 어떤 일들을 왜 하는지에 관해 무수히 질문하곤 했다. 그의 질문들은 나를 깊이 생각하게 만들었고, 때로는 우리 교회에서 하는 어떤 일들에 특별한 이유가 없다는 점을 인정해야 했다.

댄의 한 가지 단점은 자기 입에서 나오는 말들을 잘 걸러 내지 못한다는 것이었다. 처음에는 그의 어휘들이 대개 욕설로 가득 차 있었기에 문제가 되었다. 하지만 그는 가르침을 잘 받아들이는 사람이었다. 내가 어떤 단어를 쓰면 안 된다고 일러 주면, 그 말을 다시 입에 올리지 않았다. 실제로 그는 바람직하지 않은 말들이 무엇인지 배우려고 내 사무실에 찾아온 적도 있었다. 그런 종류의 목회 상담은 처음이었다.

그리고 이 문제는 그가 몇몇 교인들에게 한 시간 동안 내게 욕설에 관해 배웠다고 말하면서 다시 불거지기도 했다. 댄을 양육하는 것은 분명히 쉽지 않았지만, 다른 한편으로 복된 과업이기도 했다. 나는 어떤 교회든지 댄처럼 길들여지지 않은 열심을 품은 이들이 여럿 있기를 바란다.

이제 우리가 처음 만났던 때의 일을 다시 서술해

보려 한다. 댄이 그 세 가지를 요청한 뒤 내가 그리스도인이 되는 법을 알려 주자, 그는 즉시 자기 죄를 회개하고 그리스도를 믿기로 결심했다. 나는 당시 큰 기쁨을 맛보았지만, 곧이어 미처 예상치 못했던 질문이 들려왔다. "이제 어떻게 해야 할까요?"

그때까지 내가 만난 대부분의 새 신자들은 전에 교회에 다녀 본 적이 있는 이들이었다. 그들은 교회의 강단이나 소모임, 또는 동료 교인들에게서 이미 복음을 접한 바 있었다. 그들은 신앙을 받아들인 후의 다음 단계가 무엇인지를 자연히 분간했기에, '이제 어떻게 할지'를 고민할 필요가 없었다. 이는 그들이 교회 생활에 이미 익숙했기 때문이다.

하지만 댄은 신앙 생활의 규칙들을 몰랐고, 교회에 관해서도 전혀 아는 것이 없었다. 그때 나는 다른 새 신자들에게 권면했던 것과 똑같이 답했다. 교회에 등록하라는 것이었다. 나는 또 성경을 직접 공부해야 한다고 말해 준 다음, 새 성경책과 함께 헨리에타 미어스(Henrietta Mears)의 《성경은 어떤 책인가》(*What the Bible Is All About*)를 건네 주었다. 그러고는 잠시 그에게 기도하는 법을 알려 주었다. 다만 우리 교인들이 어떤 소문을 들었든 간에, 내가 그에게 욕설을 가르치지 않은 것은 분명하다!

당시 그에게 했던 가장 중요한 조언은 바로 교회
의 소모임에 들어가라는 것이었다. 만약 댄에게 '공동
체에 참여하라'고 말했다면, 그는 평소에 자주 짓던 그
의아한 표정으로 나를 쳐다보았을 것이다. 그 낯설고
도 진부한 표현은 그에게 무척 생소했을 것이기 때문
이다. 그래서 나는 그저 '모임에 들어가는 것이 좋다'
고만 말해 주었다.

이런 모임들은 교회마다 다양한 이름으로 지칭된
다. 공동체 모임과 삶 모임, 가정 모임이나 주일학교
반, 성경공부 모임, 교제 모임, 셀 모임, 친교 모임 등
이 그것이다. 그때 우리 교회의 모임들은 주로 '주일학
교 반'으로 불렸다.

당시 우리 교회는 댄과 같은 새 신자를 맞이해 본
적이 없었기에, 그를 어떤 모임에 보내면 좋을지 신중
히 숙고해야 했다. 나는 그에게 다양한 배경과 경험을
지닌 남자 교인들로 구성된 소모임에 참여해 볼 것을
권했다. 다행히 그 지체들은 댄의 특이한 면모들을 잘
받아들여 주었으며, 그는 그 모임에 잘 적응하고 성장
해 나갔다. 그는 욕설도 그만두었다.

만약 댄을 교회로 인도할 수 없다면 어떻게 해야 했

을지를 종종 생각해 보곤 한다. 우리는 때로 지역 교회들의 존재를 당연시하는 경향이 있다. 지금은 미국에만도 삼십오만 개 가량의 교회가 있으며,[5] 우리는 그 교회들을 그리스도의 몸에 속한 귀중한 공동체로 여기기보다 일종의 소모품으로 간주하기 쉽다. 그리고 만일 댄에게 소개해 줄 소모임이 없다면 어떻게 해야 했을지도 생각해 보게 된다.

댄이 우리 교회의 주일학교 반에 참여하면서, 그의 거친 면모들이 오히려 많은 교인들의 삶을 다듬어 주었다. 그들은 댄과 꾸준히 동행하면서 그가 신자답게 자라 가도록 도왔다. 그는 계속 여러 질문을 던졌으며 그중에는 우리가 미처 예상하지 못했던 것들도 포함되어 있었는데, 이는 우리로 더 깊이 생각하며 성경에서 그 답을 찾게끔 만들었다.

당시 나는 댄과 다른 교인들의 조화로운 관계 속에서 그리스도의 몸이 드러나는 것을 보았다. 그 지체들은 각기 서로를 돌보았고, 하나님의 뜻대로 자신들의 은사를 사용했다. 때로 그들의 인간성과 죄가 장애물이 되기도 했지만, 전반적으로는 그 속에서 그리스도의 몸이 온전한 기능을 발휘했다.

이제 댄의 이야기가 우리 자신의 이야기와 어떻게

연관될지를 한번 생각해 보자.

소그룹: 중요한 헌신

먼저 우리는 신자들의 헌신에 관한 일종의 율법적인 체크리스트를 다루고 있는 것이 아님을 상기시키려 한다. 지금 우리는 건강한 교회의 지체들이 어떤 이들이며 그런 지체들은 어떻게 공동체에 헌신하는지를 함께 살피고 있다. 이는 그렇게 건강한 교인들이 건강한 교회를 만들어 가기 때문이다.

첫 번째로 살펴본 핵심 헌신의 항목은 바로 급진적인 기도였다. 두 번째로 다룬 핵심 헌신의 항목은 성실한 교회 출석이었다. 그리고 이 장에서, 우리는 건강한 교인들을 만들어 내는 세 번째 핵심 헌신을 다루고 있다. 교회 안의 소그룹에 참여하는 일이 바로 그것이다.

댄의 경우에 그러했듯이, 우리 삶이 변화되기 위해서는 교회와 밀접하게 연결되어 있어야 한다. 의미 있는 삶은 결코 고립된 상태에서 이루어지지 않으며, 오직 공동체 속에서만 가능하기 때문이다. 아까 언급했던 바로 그 '공동체' 말이다.

그러면 온전한 공동체는 어떤 모습으로 드러날까? 우리는 교회의 모임에 관한 이론적인 깨달음을 어떻게 구체적으로 실천할 수 있을까? 그 답이 그리 새롭고 충격적인 것은 아니지만(일종의 계시라기보다는 이미 다들 아는 내용을 상기시키는 것에 가깝다), 그럼에도 그 답들은 중요하다.

코이노니아: 단순한 사교를 넘어선 깊은 교제

영어에서 '교제(fellowship)'라는 단어는 상당히 모호한 것이 될 수 있다. 그 단어는 동료애 혹은 공통의 관심사를 뜻하거나, 단순히 어떤 연관성을 나타내기도 한다. 교회에서 그 단어는 각자 음식을 가져와서 함께 나누는 식사 모임(potluck dinner)을 가리킬 수도 있다.

성경에서 이 교제를 뜻하는 데 가장 자주 쓰인 헬라어 단어는 '코이노니아(koinonia)'로서, 신약에서 열네 번 나타난다. 그리고 이 단어는 '기여'나 '참여', '나눔'으로 번역될 수도 있다. 본질적으로 '코이노니아'는 각 지체들이 서로를 깊이 배려하고 돌보는 모임에 친밀하게 참여하는 것을 의미한다.

어떤 교회에 출석하거나 여러 모로 그 회중과 교

류할 때, 여러분은 자신의 행동을 통해 그들을 향한 관심과 배려를 드러낸다. 다른 누군가가 근사한 바나나 푸딩을 가져오기를 기대하는 식사 모임의 경우와 달리, 진정한 '코이노니아'의 동기는 다른 이들을 위해 무언가를 행하고 섬기며 베푸는 데 있다. 그리고 이런 '코이노니아'는 특히 교회의 소모임(소그룹)들 가운데서 힘 있게 드러난다.

나아가 교제는 하나의 행동인 만큼이나 일종의 태도이기도 하다. 물론 우리의 교제를 위해서는 여러 행동들이 꼭 필요하지만, 이때 그 행동 가운데는 기쁨으로 함께 베풀고 나누려는 정신이 담겨 있어야 한다.

몇 년 전, 나는 내가 속한 교회의 지체로 충실히 살아가기로 결심했다. 그때까지 나는 여러 해 동안 임시 목사로 사역하거나 설교 초청을 받았으며, 그로 인해 본 교회를 거의 매주 떠나 있곤 했었다. 하지만 그때 하나님이 매주 본 교회에 출석하면서 그 공동체를 섬기라는 마음의 깨달음을 주셨다.

그것은 내 인생에서 내린 최고의 결정 중 하나였다. 아내와 나는 교회의 소모임에 참여하면서 동료 교인들을 제자로 양육하는 일에 헌신했다. 우리는 심지어 교회 건물 관리를 맡아서 쓰레기를 버리고 화장실 청소를 감당하기도 했다.

하나님은 이런 역할들을 통해 그리스도께 속한 몸의 일부가 되는 것이 무엇을 의미하는지를 내게 일깨워 주셨다. 그 활동들의 진정한 수혜자는 바로 나 자신이었으며, 당시 내가 드린 것보다 훨씬 더 많은 유익을 얻었다.

그러다가 2020년에 팬데믹이 터졌을 때, 나는 이전의 교회 활동을 몹시 그리워하게 되었다. 그 시기에도 온라인 예배와 줌 모임에 계속 참여했지만, 디지털 플랫폼에서는 참된 교제를 나눌 수 없었기 때문이다. 나는 이전만큼 다른 이들을 잘 섬길 수 없었으며, 베풀기보다 무언가를 받는 쪽에 가까워졌다.

지금도 나는 아들 중 하나가 목회자로 있는 본 교회에서 이따금 말씀을 전하곤 한다. 다만 아내가 아들의 설교를 훨씬 더 선호하기에 내가 실제로 강단에 오르는 경우는 그리 많지 않다.

하지만 그래도 괜찮다. 나는 여전히 공동체의 소모임에서 동료 교인들과 유익한 교제를 나누고 있기 때문이다.

제자도의 문제

앞서 말한 '교제'가 다소 모호한 단어라면, '제자도'는 아예 혼란스러운 것이 될 수 있다.

어떤 이들에게 '제자도'는 주로 지식과 정보의 문제다. 그들은 그것을 그리스도와 성경에 관해 더 많은 지식을 습득하는 일로 바라보는 것이다. 다른 이들은 제자도를 한 사람이 다른 사람을 인도하고 양육하는 멘토링과 거의 유사하게 여기기도 한다. 그리고 일부 교회들에서는 제자도가 특정한 모임이나 프로그램과 결부될 수도 있다.

일반적으로 제자도는 우리가 예수님을 더 닮아 가는 것을 뜻한다. 의미 있는 삶은 제자도의 삶, 곧 그리스도를 더 닮아 가는 삶이다. 그밖에 우리가 풍성하고 목적이 있는 삶으로 나아갈 수 있는 다른 길은 없다.

나는 예수님이 하늘로 올라가실 때 제자들이 무슨 생각을 했을지 궁금하다. 당시 흰 옷을 입은 두 사람, 아마도 천사들이 그들 곁에 서서 이렇게 질문했었다. "어찌하여 서서 하늘을 쳐다보느냐"(행 1:11).

앞서 예수님은 제자들에게 성령이 오실 때까지 예루살렘을 떠나지 말라고 분부하신 바 있다(행 1:4). 그래서 그들은 함께 기다렸다. 물론 예수님은 각 사람에게 개별적으로 성령을 보내 주실 수도 있었다. 하지만 그리하지 않고 그들이 한데 모여 있기를 바라셨던 것이다. 그분은 그 제자들이 제각기 따로 움직이지 않고 함께 하나의 교회를 이루어 가기를 원하셨다.

예수님은 그들이 지역 교회에서 서로 섬기면서 그분을 더욱 닮아 가기를 바라셨다. 그리하여 최초의 교회인 예루살렘 교회가 세워졌던 것이다. 그러면 이 교회에서는 어떤 일들이 이루어졌을까? 이에 관해, 사도행전 2장 42절은 이렇게 말씀한다. "그들이 사도의 가르침을 받아 서로 교제하고 떡을 떼며 오로지 기도하기를 힘쓰니라."

제자들은 한데 모여서 사도들의 가르침을 받고 서로 진실하게 교제했다. 그리고 그들은 (성찬을 비롯한) 식사를 함께 나누면서 기도에 전념했다. 이처럼 예수님은 제자들이 지역 교회 안의 섬김을 통해 그분을 더욱 닮아 가기를 바라셨다. 당시 그들은 흩어지기 전에 먼저 한데 모여야 했다.

이 교훈은 오늘날 우리에게도 적용된다. 여러분은 지역 교회에서 주님을 섬기면서 그분을 더욱 닮아 갈 것이다. 특히 그곳의 모임 가운데서 그분의 제자로 자라 가게 된다. 일부 영적인 훈련들은 혼자서도 실천할 수 있지만, 우리가 주님의 제자로 자라 가는 일의 대부분은 우리가 속한 교회와 그 모임들 가운데서 이루어진다.

의미 있는 삶은 제자도의 삶, 곧 예수님을 더 닮아 가는 삶이다. 지역 교회를 떠나서는 이 삶이 제대로 이루어지지 못한다. 그 삶은 오직 하나의 공동체 속에서 온전히 번성하는 것이다.

관계의 힘

우리는 지역 교회와 관계를 맺고 소통하도록 지음 받았다. 그리스도를 통해 구원받은 뒤, 이 땅에서 우리는 그분의 몸인 교회의 일부가 되도록 부름 받는다.

우리가 교회에서 맺는 관계들은 위에서 살핀 교제나 제자도의 영역 모두와 연관되어 있다. 우리는 교제를 통해 다른 이들을 희생적으로 섬기며, 제자도를 통해 예수님을 더욱 닮아 간다. 그리고 이 두 영역 모두 교회 안의 건강한 관계들을 통해 번성하게 된다.

최근에 나는 아내와 함께 여러 세대를 아우르는 '페리코프(Pericope, 도려낸, 구별된의 의미)'라는 모임에 참여하면서 소모임의 힘을 다시금 깨달았다. 이 모임의 다른 지체들은 우리보다 젊지만, 아내와 나는 그들과 삶을 함께 나누는 것을 기뻐한다. 지금 그 지체들은 우리의 소중한 벗이 되었으며, 나는 그 안의 여러 관계나 기도 후원, 돌봄이 없이 그리스도인답게 자라 가는 일을 미처 상상할 수 없다.

지금 우리 모임의 지체들은 관계의 놀라운 힘을 깨닫고 있다. 그들은 교회의 다른 교인들이나 그 바깥의 사람들과 서로 교제하면서 깊은 삶의 의미를 얻곤 한다. 나는 그 지체들을 통해 여러 번 개인적인 격려를 얻었다. 때로 그들은 내가 어려움을 겪는 사실도 몰랐지만, 그들이 무심코 건넨 말이 내게 새 힘을 주곤 했다.

그들이 교회 안의 다른 교인들과 소통하는 모습도 지켜보았다. 그들은 늘 한결같고 적극적이며 기쁨에 찬 태도로 사람들을 대했다. 그러면서도 자신들이 무언가 특별한 일을 행한다고 여기지 않았다. 그저 자연적인 방식과 초자연적인 방식 모두를 통해 이루어지는 그리스도의 임재를 자신들의 삶 속에서 드러내고 있을 뿐이었다.

그들의 초점은 그저 자신들의 내부에만 머물지도 않았다. 그들은 손님들을 모임에 계속 초대하며, 교회에 잘 나오지 않는 이들에게 손을 내민다. 어색해하는 이들에게도 먼저 다가가서 인사하며 편안하게 마음을 풀어 주곤 한다.

이처럼 우리 모임의 지체들은 의미가 충만한 삶을 살아가고 있다. 마침내 영원한 세계가 임할 때, 그들이 이 땅에서 얼마나 많은 영향력을 끼쳤는지가 온전히 드러날 것이다. 그때 우리는 그들이 얼마나 많은 이들의 마음을 위로했으며, 얼마나 많은 이들을 예수님께로 인도했는지를 알게 될 것이다. 그들은 이 모든 일을 곧 자신들의 교회에서 감당했던 것이다. 그들은 온전히 헌신된 교회의 성도들이다.

만약 누군가가 그들에게 교회나 우리 공동체 모임 바깥에서도 목적이 있는 삶을 찾을 수 있다고 말한다면, 그들은 그 사람의 눈을 공허하게 바라보거나 그 말에 강력히 반대할 것이다. 그 말이 사실이 아님을 알기 때문이다. 그들은 공동체에 기반을 둔 관계들의 소중함을 헤아리고 있으며, 그런 관계들을 자신이 속한 교회에서 직접 이어 가고 있다. 그들은 실로 의미 있는 삶을 살아간다.

그다음은 무엇일까

이제 여러분도 어느 정도 확신이 생겼을지 모르겠다. 아마 여러분은 교인들이 교제와 제자도, 인격적인 관계를 통해 서로 밀접히 소통해야 한다는 데 온전히 동의할 수 있다. 어쩌면 여러분은 교회의 소모임에 참여하는 일이 지닌 놀라운 힘을 파악했을 것이다. 하지만 댄과 마찬가지로, 여러분은 이런 물음을 품을 수 있다. '이제는 무엇을 해야 할까?'

우리는 의미 있는 삶을 위해서는 교제와 제자도, 건강한 관계를 통해 각 지역 교회에 참여하고 소통해야 한다고 믿는다. 하지만 그 일을 위한 구체적인 실천 단계들이 없다면, 이는 하나의 이론에 머물 뿐이다.

여기서 우리가 지나치게 규범적인 태도를 취하게 될 위험도 있다. 첫째, 이에 관해 하나의 체크리스트를 만드는 것은 자칫 율법주의적인 태도로 흐를 수 있다. 그릇된 이유에서 교회 활동에 참여할 때, 여러분은 결국 지치거나 교회를 떠나게 될 것이다. 둘째, 모든 교회는 저마다 다른 성격을 띠기에 우리는 그 실천 방식을 각자의 상황에 맞게 적절히 조정할 필요가 있다.

이 질문에 대한 성경적인 해답은 초대 교회의 생생한 본보기가 담긴 사도행전 2장 42-47절에서 찾아볼 수 있다. 물론 이 주제에 연관된 다른 성경 본문들도 있지만, 이 본문은 초창기의 그리스도인들이 구체적으로 어떻게 헌신하며 살아갔는지를 보여 주는 점에서 우리의 질문과 특히 관계가 깊다.

이 본문에서, 우리는 신자들을 의미 있는 삶으로 인도하는 다음의 다섯 단계를 발견하게 된다. 함께 기도하는 일과 예배하는 일, 소그룹으로 모이는 일과 함께 사역을 감당하는 일, 그리고 아낌없이 나누며 베푸는 일들이 바로 그것이다.

이와 더불어, 우리가 매주 실제로 갖는 공동체의 모임들은 이 다섯 가지가 핵심 헌신의 항목임을 늘 일깨워 준다.

함께 예배드리기

이 책의 여러 부분에서, 나는 헌신적인 그리스도인들이 '교회에 출석하거나' 예배에 꾸준히 참석할 필요성을 강조해 왔다. 그리고 바로 여기서 소모임 참여와 예배 참석이 서로 밀접히 결부된다. 모임에 나오는 이들은 예배에도 성실히 참석할 가능성이 높기 때문이다.

우리가 속한 지역 교회와의 관계를 표현하는 흔한

방식 중 하나는 이렇게 말하는 데 있다. "저는 페이스
뷰 커뮤니티 교회에 출석합니다." '출석'은 우리가 '함
께 교회로 모이는' 일을 가리키며, 이 '함께 모이는' 일
은 매우 중요한 의미를 지닌다. 이전 장에서 언급했듯
이, 예배 참석은 진정한 영적 훈련이다.

사도행전 2장 46절에 따르면, 초기의 신자들은 "날
마다 마음을 같이하여 성전에 모이기를 힘[썼다]." 당시
는 예수님이 십자가에 못 박혔다가 부활하시고 하늘에
오르신 지 몇 주밖에 지나지 않은 때였으며, 이 새로운
신자들은 정기적으로 함께 모여서 그 부활하신 주님께
예배했던 것이다. 그들은 성찬을 통해 그분의 죽으심
을 기억했고(2:42), 공동의 예배에서 그분의 부활을 찬
미했으며(2:44), 그들 가운데 임하신 성령의 능력을 목
격했고(2:43), 아낌없이 나누는 삶을 실천했다(2:45).

여기서 이 본문의 강조점을 헤아려 보자. 그들은
함께 주님을 기억하고 찬미했으며, 함께 하나님의 능
력을 목격했다. 또 그들은 함께 서로를 격려했고, 함
께 아낌없이 베풀고 나누었다.

우리 공동체 모임에서는 매주 함께 모여 예배 드
리는 일의 능력을 서로 일깨워 주곤 한다. 우리는 서
로 예배에 꾸준히 참석하게끔 격려하며, 우리 중 몇몇

은 지난 주일의 설교 노트를 나누어 보기도 한다.

오늘날의 문화에서는 신자들의 모임이 갖는 중요성을 종종 낮추어 보는 경향이 있다. 예배 참석이 그저 우리 생활의 여러 선택지 중 하나로 여겨지는 것이다. 하지만 그런 문화적인 역풍을 극복하기 위해서는 매 주일 예배를 삶의 중심에 두기로 주저 없이 결단해야 한다. 그것은 우리가 의미 있는 삶을 누리는 데 반드시 필요하기 때문이다. 이것이 바로 헌신적인 교회의 지체들이 취하는 삶의 태도이다.

이는 우리의 예배 참석이 그저 하나의 취미 활동이 아님을 뜻한다. 그렇기에 어떤 스포츠 혹은 여가 활동에 참여하거나 늦잠을 자려고 예배에 불참해서는 안 된다. 그리고 불가피한 경우 외에는 대면 예배를 온라인 시청으로 대체해서도 안 된다. 우리가 의미 있는 삶을 사는 것은 예수 그리스도를 따를 때 비로소 가능해지며, 이 일은 개인적으로나 지역 교회의 활동 모두를 통해 이루어져야 하기 때문이다.

세상 사람들은 이 일을 이상하게 여기고 여러분을 광신자로 부를 수도 있다. 초기의 그리스도인들도 비슷한 오해를 받았지만, 그들은 끝까지 신실하게 예배에 참여했다. 그리하여 마침내 인류 역사상 가장 위대한 변화를 만들어 낸 이들이 되었으며, 우리 역시 그 길로 나아가야 한다.

소모임에 참여하기

여기서 나는 어릴 적에 다녔던 교회의 헌금 봉투에 적혀 있었던 체크리스트를 떠올리게 된다. 그 관습에 익숙하지 않은 독자들을 위해 여기서 간단히 소개해 보겠다.

당시 우리는 예배 시간에 헌금을 봉투에 넣어서 헌금 접시 위에 올려놓곤 했다. 그 봉투에는 여러 신앙 훈련들의 목록이 적혀 있었고, 우리는 그 가운데서 자기가 실천한 항목에 체크했다.

- ○ 주일학교 출석
- ○ 성경 지참
- ○ 매일 성경 읽기
- ○ 성경공부 교재 예습
- ○ 헌금
- ○ 예배 참석

때로 어떤 봉투에는 첫 줄에 큰 글씨로 '출석(Attendance)'이라고만 적혀 있었다. 이는 우리가 주일학교 반에 참석하지 않았다면 교회에 제대로 출석한 것이 아님을 뜻했다. 이 체계의 핵심에는 소모임에 참여하는 것이 가장 중요한 신앙 활동 중 하나라는 원칙이 자리잡고 있었다.

지금 이 체크리스트의 관습은 대부분 사라졌지만(온라인 헌금으로 인해 헌금 봉투들이 자취를 감추고 있다), 가끔씩 그 시절이 그리워지기도 한다. 그 봉투의 목록들은 우리가 예배와 소모임에 적극 참여하고 성실히 헌금하며 매일 성경을 읽도록 격려해 주었기 때문이다.

사도행전 2장 46절은 초대 교회가 다음과 같이 전체 모임을 가진 후에 소모임으로 흩어지곤 했음을 보여준다. "그들은 날마다 성전에서 함께 예배하고 각자의 집에 모여 주님의 식사를 나누었으며, 큰 기쁨과 아낌없는 관대함으로 그 식사를 함께 했다."(NLT, 역자 번역)

의미 있는 삶은 교회 안의 다른 신자들과 밀접히 이어져 있다. 혼자만의 힘으로는 진정한 변화를 만들어낼 수 없기 때문이다. 소그룹은 우리가 함께 사역하고 다른 이들을 초대하며 서로에게 책임을 지고 다같이 삶의 목적을 발견해 가는 연결과 소통의 자리이다.

함께 사역을 감당하기

언젠가 노스캐롤라이나주에서 인상적인 시골 교회를 담임하는 한 목회자와 이야기를 나눈 적이 있다. 그 마을 인구는 겨우 이백 명 정도인데, 예배 참석자는 평균 이백오십 명에 가까웠다. 이는 놀라운 일이다.

대화 도중에 그는 그 마을 시장이 보낸 한 통의 이메일을 보여 주었는데, 그 내용은 이 교회가 성공을 거둔 이유를 잘 설명해 주었다. 내가 약간 다듬어 본 그 메일의 내용은 다음과 같다.

목사님께

저는 평생 이곳에 살았는데 목사님이 사역하시는 교회와 같은 곳은 처음 봅니다. 우리 마을은 그리 부유한 곳이 아닌데도, 무언가 어려운 일이 생길 때마다 목사님이 계신 교회의 누군가가 곧바로 달려오곤 합니다. 정말 놀라운 일입니다.

저는 종교에 대해 깊이 생각해 본 적이 없었습니다. 하지만 목사님이 계신 교회를 보면서 마음이 바뀌고 있습니다. 목사님은 우리 마을에 토네이도가 닥쳐왔을 때 도와 주셨고, 아이들을 위해 멋진 방과 후 프로그램을 운영할 뿐 아니라 노인 돌봄을 위해서도 우리와 협력하고 계시지요.

사실 이게 다가 아닙니다. 목사님이 계신 교회는 정말이지 일종의 '사역 기계'를 보는 듯합니다. 지금처럼 계속 왕성히 활동해 주십시오. 저는 교회에서 이렇게 섬기는 모습을 이전에 본 적이 없습니다. 진심으로 감사드립니다.

목사님의 벗으로부터

나는 이 편지에 있는 '사역 기계'라는 표현이 마음에 들었다. 이 마을의 시장은 지역 교회에서 함께 사역하는 그리스도인들이 각 개인의 경우보다 더 많은 일을 이룰 수 있음을 잘 헤아리고 있었다. 그는 이처럼 많은 이들이 자발적으로 함께 섬기는 모습을 놀랍게 여겼으며, 바로 거기에 우리의 요점이 있다. 교회는 그저 평범한 조직체가 아니라 신자들이 함께 사역과 섬김을 감당해 나가는 하나의 공동체라는 것이다.

그리고 내가 이 교회를 귀하게 여기는 이유는 그들이 수행하는 대부분의 사역이 그 안의 소모임들에서 시작되었기 때문이기도 하다. 이는 그들이 일상적으로 자신들의 모임 안에서 늘 감당해 온 일들인 것이다.

물론 그리스도인들은 교회 바깥에서도 섬김과 봉

사에 참여할 수 있으며, 또 마땅히 그리해야 한다. 하지만 그리스도의 몸인 교회가 힘을 모아 사역할 때, 그 영향력은 각 부분들의 총합보다 훨씬 더 큰 것이 된다.

하나님이 우리를 이 땅에 두신 두 가지 주요 목적이 있다. 그중에서 흔히 '큰 계명'으로 불리는 첫째 목적은 바로 하나님과 이웃을 사랑하라는 것이다. 그리고 '대위임령'으로 알려진 둘째 목적은 곧 온 세상에 나아가서 사람들을 제자로 삼게 하시려는 것이었다. 만약 여러분이 의미 있는 삶을 원한다면, 지역 교회 안에서 함께 하나님과 이웃을 사랑하며 사람들을 제자 삼는 그 목적들을 성취해 보기 바란다. 여러분은 그저 구경꾼이 아니다. 오히려 예수님의 사역에 능동적으로 참여하는 이들이 되어야 한다.

헌신된 신자의 삶은 이 땅에서뿐 아니라 영원한 세계에서도 온전한 의미를 갖는 변화를 만들어 낸다. 우리는 함께 사역하는 일에 대한 헌신을 다음 장에서 자세히 다루어 볼 것이다.

아낌없이 나누며 베풀기

예수님은 돈 문제를 자주 말씀하셨다. 그분은 우

리의 보물이 있는 곳에 우리 마음이 있다고 하셨으며 (마 6:21), 하나님과 돈을 동시에 섬길 수 없다고 가르치셨다(마 6:24). 이런 그분의 말씀들은 우리에게 하나의 명확한 도전을 제기한다. 만약 우리의 재정을 열린 손으로 내어 드리지 않는다면, 하나님과 이웃을 온전히 섬길 수 없다는 것이다.

내 아들 아트(Art)는 자신이 쓴 책 《돈의 문제》(*The Money Challenge*)에서 다음의 세 가지 관점을 강조했다. 이는 곧 아낌없이 베풀고 지혜롭게 저축하며 각자의 형편에 맞게 살아가라는 것이다. 이것이 바로 예수님이 가르치신 '열린 손(open-handed)' 접근법이다. 우리는 기꺼이 자신의 재정을 다른 이들과 함께 나누며 교회의 일에 드려야 한다. 또 우리는 삶의 다양한 필요에 대비하기 위해 신중히 저축하며, 소박하고 겸손한 태도로 자신의 삶을 잘 꾸려 가야 한다.

의미 있는 삶은 곧 넘치도록 베풀고 나누는 삶이다. 그리고 각 교회의 신자들이 함께 그 일에 참여할 때, 그 효과는 급격히 늘어난다. 이 청지기 정신은 실로 이 세상을 바꾸어 놓을 수 있다.

돈은 그저 그 나눔을 위한 수단과 방편일 뿐이다. 우리는 늘 열린 손과 마음으로 살아가면서 하나님이 주신 자원들이 우리의 삶을 통해 흘러나가게 해야 한다. 지역 교회는 하나님이 이런 그분의 은혜와 유익을 세상에 부어 주시는 귀한 통로가 된다.

내가 소모임을 다룬 이 장에서 이 나눔을 언급하는 이유는 대부분의 교회에서 그 일이 풍성히 이루어지는 곳이 바로 소모임들이기 때문이다. 우리 처치앤서즈 팀이 어떤 교회를 컨설팅할 때, 가끔 구체적인 재정 지표들을 요청할 경우가 있다. 예를 들어 소모임에 속한 교인들의 중간 헌금액과 그렇지 않은 교인들의 중간 헌금액을 익명으로 비교해 달라는 것이다. 그리고 우리는 모임에 속한 이들이 그렇지 않은 이들보다 다섯 배에서 여덟 배 정도 더 많이 헌금하는 모습을 늘 보게 된다.

와우(놀람)!

다음 장에서는 이 나눔의 헌신을 더 깊이 다루어 볼 것이다. 아낌없이 베풀고 나누는 일, 이는 실로 중요한 헌신이다.

진부한 구호에 그치지 않는 '공동체'

앞에서 나는 예수님을 만나고 지역 교회에 등록하

면서 삶이 변화된 댄의 이야기를 소개했다. 그리고 그가 주일학교 반에 참석하면서 어떻게 더 깊은 변화를 경험했는지를 나누었다.

당시 교회의 여러 교인들이 댄을 위해 수고했지만, 그는 자신이 받은 것보다 더 많은 유익을 우리에게 되돌려 주었다. 처음에 그는 실업자였지만 며칠 만에 일자리를 찾았는데, 그것은 플로리다주의 뜨거운 열기 속에서 감당하는 고된 노동이었다. 하지만 그 가운데서도 댄은 교회의 여러 사역에 열심히 참여했다. 그가 다른 교인들과 지역 주민들을 섬기고 선교 여행에 동참하면서 영적으로 성장하는 모습을 보는 일은 깊은 감동을 주었다.

댄은 우리 교회에 대한 감사를 자주 표현했다. 그는 교회 밖 사역에도 참여했지만, 지역 교회에서 섬기는 일로부터 가장 큰 기쁨을 얻었다. 그는 우리 교회 안에 있는 교제와 협력의 정신, 그리고 서로를 책임지는 관계를 무척 아끼고 사랑했다. 그는 자신이 속한 주일학교 반을 사랑했다. 이런 댄의 삶은 실로 의미가 가득하며, 핵심 헌신들로 충만한 삶이었다. 그리고 그 헌신 중 하나는 바로 교회 안의 소모임 혹은 주일학교 반에 동참하는 데 있었다. 이것이 곧 이 책의 요점이자

신약 전체의 강조점이다. 지역 교회는 세상을 변화시키는 제자들을 만들어 내기 위한 하나님의 플랜 A(최선책)이며, 그 외의 다른 플랜 B(차선책) 같은 것은 없다는 것이다. 그리고 교회 안의 소모임들은 그 제자 양육의 여정에 속한 핵심 부분이다.

* 우리 교회를 깨우는 세 가지 나눔

1. 지역 교회의 맥락에서 '공동체'는 무엇을 의미하는가?

2. 소모임이나 주일학교 반이 그저 평범한 교회 활동 이상의 것으로 여겨져야 할 이유는 무엇인가? 그것은 어떻게 우리 신자들이 감당해야 할 핵심 헌신이 되는가?

3. 여러분은 예배만 드리는 이들보다 교회 안의 소모임에 참여하는 이들이 더 풍성하게 베풀고 나누는 이유를 무엇이라고 생각하는가?

4.

소유권을 버리고
아낌없이 내어 주는
기쁨을 맛보다

몇 년 전, 나는 에릭 가이거(Eric Geiger)와 함께 베스트셀러가 된 《단순한 교회》(*Simple Church*)라는 책을 집필했다. 당시 그 책의 핵심 요점은 이러했다. '교회 지도자들은 명확하고 실천 가능한 제자 훈련의 과정을 마련해야 한다.' 이는 곧 교회 안에 들어오는 이들이 그리스도를 닮아 가기 위해 어떤 행동과 선택지를 취할 수 있는지를 분명히 헤아릴 수 있게 해야 한다는 것이었다.

당시 그 책은 제자도의 주제를 다소 폭넓게 다룬

것이었기에, 우리는 헌금이나 청지기직 같은 구체적인 영역까지 깊이 살피지는 않았다. 하지만 나눔에 관한 나 자신의 여정을 돌아볼 때, 그 책에서 나눔에 관한 예수님의 본보기를 따르게끔 돕는 간단한 지침을 제시했더라면 좋았겠다는 점을 깨닫게 된다.

청소년기 내내 교회를 떠나 지냈기에, 이십 대의 나는 교회 생활 전반이나 헌금 문제에 관해 아는 바가 전혀 없었다. 당시 나는 첫 아이가 곧 세상에 태어날 때를 앞둔 한 젊은 아빠였다.

물론 예배 시간에 돌리는 헌금 접시가 무엇인지 알았으며, 그 안에 약간의 돈을 넣어야 한다는 것도 알았다. 하지만 안타깝게도, 그것이 당시 신자들의 청지기 직분에 관해 내가 지녔던 지식의 전부였다. 그리고 이후 나는 나름대로의 단순한 헌금 계획을 마련했다. 그 계획이 무언가 특별하거나 독창적이지는 않았지만, 지난 사십 년간 내 삶의 유익한 기준이 되어 왔다.

이 단순한 헌금 계획은 다음의 다섯 가지 항목으로 되어 있다. 아내와 나는 모든 계좌를 공동으로 관리하며 함께 재정적인 결정을 내리기에, 사실 내 계획이라기보다 우리의 계획이다.

1. 십일조는 우리의 최소 헌금 기준이다. 나는 구약의 십일조를 출발점으로 삼았다. 우리는 마땅한 십일조의 비율에 관한 논쟁들에 신경 쓰지 않고, 총 수입의 십 퍼센트를 헌금의 기본 액수로 정해 두고 있다.

2. 우리의 모든 십일조는 지금 출석하는 교회에 드린다.

3. 우리는 꾸준히 십일조 이상의 분량을 헌금할 수 있는 마음을 주시기를 하나님께 구한다. 십일조 외의 다른 헌금은 대부분 우리가 출석하는 교회에 추가로 드리지만, 그중 일부는 교회 바깥의 사역들에 기부하기도 한다.

4. 우리는 이 일에서 무모하고 분별력 없는 태도를 피하면서도, 우리 자신의 수입만을 헌금의 기준으로 삼지 않으려 노력한다. 필요한 곳이 있다면, 우리는 현재의 소득 수준을 넘어서는 액수를 헌금하고 하나님이 채워 주실 것을 신뢰한다.

5. 우리는 기쁜 마음으로 헌금하는 자들이 되게 해 주시기를 하나님께 기도한다. 그리고 그분은 우리 삶 속에서 여러 번 그 기도에 응답해 주셨다.

이런 우리의 계획은 하나님이 우리 삶을 어떻게

인도해 오셨는지를 보여 줄 뿐, 다른 이들 역시 따라야만 할 일종의 규범은 아니다. 다만 그 과정에서 하나님이 우리에게 생각지도 못한 풍성한 복을 베풀어 주셨다는 점만은 밝혀 두고 싶다.

이 단순한 나눔은 그저 하나의 재정적인 습관에 머물지 않는다. 오히려 예수님의 가르침을 따르는 일에 온전히 헌신하는 삶의 방식이다. 온통 재산 축적과 자신의 유익만을 중시하는 이 세상에서, 드림과 나눔에 대한 성경적인 관점을 받아들일 때 우리는 그보다 더 높은 기준을 향해 나아가게 된다. 이는 곧 기쁜 마음으로 자신을 희생하면서 기꺼이 우리의 소유를 드리라는 부르심이다.

이는 우리가 감당해야 할 하나의 핵심 헌신이다.

단순한 나눔 이해하기

단순한 나눔은 우리 삶을 하나님의 뜻에 내어 드리고 무엇보다도 그분을 온전히 신뢰하는 일과 연관된다. 이를 위해서는 단순한 십일조나 형식적인 자선 행위를 넘어서서, 우리에게 주어진 시간과 재능, 재물 등의 모든 은사를 하나님께 영광 돌리며 다른 이들을 섬기기 위한 하나의 거룩한 기회로 여길 필요가 있다. 단순한 나눔은 우리의 모든 소유가 하나님의 것임을 깊이 깨닫는 일에 그 뿌리를 두며, 우리는 그 깨달음에 근거해서 아낌없는 나눔을 통해 자신의 믿음을 계속 드러내야 한다.

예수님은 이 아낌없는 나눔을 제자도의 핵심 표지 중 하나로 가르치셨다. 마태복음 6장 19-21절에서, 그분은 이렇게 교훈하신다. "너희를 위하여 보물을 땅에 쌓아 두지 말라 … 오직 … 보물을 하늘에 쌓아 두라." 이 가르침은 우리 마음을 덧없고 일시적인 이 세상의 재물보다 하늘의 영원한 가치들에 둘 것을 촉구하며, 단순한 나눔은 이 마음의 재조정을 드러내는 하나의 구체적인 표현이다. 이는 곧 우리의 궁극적인 평안과 소망이 이 땅의 물질적인 소유보다는 하나님과의 깊고 친밀한 교제 속에 있음을 선언하는 것이다.

성경에서 그렇게 말씀하기에

성경에는 자신의 유익만을 추구하는 기존의 한계를 넘어서는 방식으로 살아가도록 우리를 자극하는 단순한 나눔의 사례들이 가득 담겨 있다. 사도행전 4장

32-35절에서 언급되는 초대 교회는 공동체적인 나눔의 강력한 모델을 제시한다. 이곳의 신자들은 서로 모든 것을 공유하면서 "그중에 가난한 사람이 없[게]" 했기 때문이다. 이들의 단순한 나눔은 어떤 강요에 근거한 것이 아니었다. 오히려 그 일은 교회 안에서 그리스도를 위해 살아가겠다는 공통의 헌신에서 유래하는 사랑과 일치에서 나온 것이었다.

이처럼 성경에 기록된 첫 교회는 처음부터 다른 이들을 위한 베풂과 나눔에 집중했다. 초기 교회의 성도들은 그 일을 핵심 헌신의 항목 중 하나로 삼았던 것이다.

또 다른 심오한 사례는 마가복음 12장 41-44절에 담긴 과부의 헌금 이야기에서 나타난다. 당시 예수님은 한 가난한 과부가 성전 헌금함에 작은 동전 두 닢을 넣는 모습을 지켜보셨다. 비록 그 금액은 보잘것없었지만, 그분은 그녀가 가난한 형편 속에서도 자신의 전부를 드렸음을 알아보셨다.

이 단순한 드림의 가치는 그 액수보다도 그녀가 감수했던 희생의 깊이에 근거해서 평가되며, 이는 참된 나눔의 의미가 그 외적인 규모보다 중심의 태도에 달려 있음을 보여 준다. 많은 이들이 자신의 소유를 꽉 움켜쥐고 살아가는 이 세상에서, 이 과부의 이야기는 희생적인 드림과 나눔의 의미를 다시 숙고하도록 우리를 인도한다.

사도 바울 역시 자신의 서신들에서 단순한 나눔을 향한 부르심을 강조하고 있다. 고린도후서 9장 6-7절에서, 그는 "많이 심는 자는 많이 거[두게]" 되리라는 점을 우리에게 일깨운다. 바울은 신자들이 억지로나 내키지 않는 마음 대신에 기쁨과 감사로 드리고 나누도록 권면하며, 이런 나눔은 곧 하나님이 그리스도를 통해 베푸신 은혜에 대한 우리의 응답임을 역설한다. 이는 일종의 예배 행위인 동시에 복음의 변혁적인 능력에 대한 하나의 실질적인 표현이다.

단순한 나눔의 핵심: 신뢰와 포기

앞서 나는 존이라는 한 성도를 언급한 바 있다. 그는 자신의 나눔과 헌신을 과시하지 않았지만, 그의 신실한 모습들은 내 눈에 띌 수밖에 없었다. 존은 우리 교회의 사역들을 위해 아낌없이 드렸으며, 교회 안팎의 어려움에 처한 이들에게도 그러했다.

한번은 그에게 이렇게 기본적인 질문을 던진 적이

있다. "존, 어떻게 이처럼 나누고 베푸는 삶을 살게 되었나요?"

물론 그는 자신이 주목 받는 것을 원치 않았기에 자세한 대답을 꺼렸다. 당시 그가 했던 말들이 정확히 기억나지는 않지만, 대략 이런 내용이었다. "하나님이 우리의 재정을 풍성히 채워 주실 것을 믿지 못하면, 정말 그분을 신뢰한다고 말할 수 없지요."

우리가 지역 교회에서 하나님의 뜻을 좇아 살아갈 때, 종종 자신의 재정 문제만은 끝까지 붙잡고 주도권을 놓지 않으려 한다. 하지만 여러 측면에서 그것은 곧 그분을 진정으로 신뢰하는 일의 시작점이 된다.

단순한 나눔의 핵심에는 하나님의 공급하심에 대한 철저한 신뢰가 놓여 있다. 우리가 아낌없이 드리고 나누기로 결정할 때, 이는 곧 하나님이 우리의 궁극적인 공급자이심을 선언하는 일이 된다. 이런 신뢰의 행위가 늘 쉬운 것은 아니며, 재정적인 안정과 자립을 강조하는 오늘날의 문화 속에서는 더욱 그러하다. 하지만 이 일에 관한 성경의 가르침은 분명하니, 우리의 안전은 자신의 은행 계좌가 아니라 만물의 창조주이신 그분과의 관계에서 유래한다는 것이다.

누가복음 12장 22-34절에서, 예수님은 이 요점을

직접 언급하신다. 그분은 제자들에게 생계를 위해 염려하거나 무엇을 먹을지, 무엇을 입을지 걱정하지 말라고 권면하신다. 그 대신에, 주님은 하나님이 친히 돌보시는 것들의 본보기로 공중의 새와 들의 백합화를 제시하신다. "오늘 있다가 내일 아궁이에 던져지는 들풀도 하나님이 이렇게 입히시거든 하물며 너희일까보냐 믿음이 작은 자들아."

한번 이 말씀을 숙고해 보자. 우리가 단순하고도 아낌없이 드리고 나누지 않는다면, 이는 사실상 하나님을 신뢰하지 않음을 드러내는 일이 된다. 그것은 우리가 믿음 없는 자들임을 보여 준다.

또 단순한 나눔을 위해서는 우리 삶의 통제권을 하나님 앞에 내어 드리는 일이 요구된다. 이는 자기 삶의 모든 영역을 스스로 관리하고 주도하려는 욕구를 내려놓는 일이며, 일종의 무모하고 분별력 없는 행동이 아니라 믿음의 헌신을 드러내는 행위이다. 이때 우리는 하나님이 모든 일을 주관하며 다스리신다는 것과, 그분께 구하기도 전부터 우리의 필요를 다 아신다는 것을 인정하고 고백하게 된다. 그리고 아낌없이 드릴 때, 우리는 하나님이 이 땅에서 행하시는 그 나라의 사역들에 함께 동참하는 이들이 된다.

단순한 나눔의 실천적인 함의들

단순한 나눔을 향한 부르심은 우리가 날마다 살아가는 방식에 관해 심오한 함의들을 지닌다. 그 부르심은 자신의 우선순위를 돌아보며 부와 성공에 대한 기존의 이해를 바로잡게끔 우리를 자극한다. 단순한 나눔을 실천하기 위한 몇 가지 실제적인 방법들은 이러하다.

1. 물질적인 부보다 하나님 나라를 우선시하라

단순한 나눔은 곧 하나님 나라를 우리의 다른 모든 추구보다 더 우선시하는 것을 뜻한다. 이때 우리는 그분이 주신 과업들을 진전시키는 방향으로 자신의 시간과 돈, 노력을 비롯한 모든 자원을 할애하며, 이 가운데는 교회나 그 지역의 자선 단체, 또는 전 세계적인 복음 전파에 헌신하는 선교 단체를 후원하는 일이 포함될 수 있다. 이를 통해 우리는 참된 보화가 하늘에 있으며, 이 땅에서 우리에게 주어진 재물은 그저 하나님의 뜻을 받들어 섬기는 수단일 뿐임을 기억하게 된다.

2. 아낌없이 드리는 마음을 기르라

아낌없는 드림과 나눔은 우리의 마음에서 시작된

다. 이 나눔의 정신은 기도와 성경 묵상, 그리고 예수님의 가르침을 실천하려는 의식적인 헌신을 통해 길러지며, 하나님 말씀을 깊이 마음에 새기고 살아가는 가운데서 우리의 관점이 조금씩 바뀌어 가게 된다. 이때 우리는 자신의 모든 나눔 가운데서 하나님이 우리에게 베푸신 조건 없는 사랑을 드러낼 수 있음을 깨닫게 되는 것이다. 이 변화는 우리에게 주어진 모든 것이 하나님의 축복임을 인정하는 감사에서 시작되며, 이를 통해 우리는 인색한 마음을 버리고 너그럽게 후히 베푸는 태도로 살아가게 된다.

3. 희생적인 나눔의 태도를 받아들이라

희생적인 마음과 자세는 단순한 나눔의 중심에 놓인다. 이 자세는 그 금액의 크기보다, 다른 이들을 위해 자신의 개인적인 안락함을 기꺼이 포기하려는 태도와 연관이 있다. 이는 기존의 수준을 넘어서는 액수를 기부하거나 버거워 보이는 과업에 헌신하는 일, 혹은 즉각적인 만족을 얻지 못할 수도 있는 방식으로 자신의 시간과 재능을 나누는 일을 의미할 수 있다. 앞서 보았듯이, 복음서에서 제시되는 과부의 사례는 헌금의 가치가 그 외적인 액수보다도 그 배후에 놓인 희생의 자세를 통해 드러난다는 점을 상기시켜 준다.

4. 삶의 모든 측면에서 나눔과 베풂의 자세를 드러내라

이 단순한 나눔이 삶의 특정 부분에만 국한되어서는 안 된다. 오히려 그 미덕은 우리 삶의 모든 영역에 스며들어야 한다. 누군가의 말을 경청하는 것부터 지역 보호소에서 봉사하거나 간단한 격려의 말을 건네는 것까지 모든 친절한 행동들은 일종의 나눔이다. 이 나눔을 자신의 일상 속에 녹여 낼 때, 우리는 그리스도의 마음을 드러내는 삶을 살아가게 된다. 이때 우리의 가정과 직장, 지역 사회 모두가 그 나눔의 변혁적인 능력을 증거하는 일종의 무대가 되는 것이다. 그리하여 사람들과의 일상적인 소통 가운데서 하나님의 사랑을 드러낼 기회를 얻는다.

5. 하나님의 공급하심을 신뢰하라

우리가 단순한 나눔을 실천할 때 가장 큰 과제 중 하나는 미래의 궁핍에 대한 두려움을 극복하는 데 있다. 하나님의 공급하심을 신뢰할 때, 우리는 비로소 그 궁핍에 대한 불안에서 해방된다. 산상수훈에서, 예수님은 하나님이 공중의 새와 들의 백합화를 돌보시

듯 우리를 아끼고 위하신다는 것을 일깨워 주신다. 단순한 나눔은 믿음의 행위로서, 우리가 하나님의 뜻에 순종하여 발걸음을 내디딜 때 그분이 우리의 모든 필요를 채워 주신다는 하나의 담대한 선언이다. 우리가 이 하나님의 신실하심을 경험할 때 그분을 향한 우리의 신뢰가 깊어지며, 다른 이들에게 베풀고 나눌 수 있는 우리의 역량도 커진다.

단순한 나눔이 공동체에 미치는 영향

단순한 나눔의 파급 효과는 신자 개개인의 삶을 훨씬 넘어서는 영역에까지 이어진다. 우리가 아낌없이 나누면서 살기로 선택할 때, 우리는 공동체 내의 변화를 위한 촉매제가 된다. 단순한 나눔은 연대와 일치의 정신을 북돋우며, 사람들 사이의 갈등을 해소하고 서로의 돌봄과 공감에 근거한 관계들을 형성한다. 그리고 이런 나눔을 받아들이는 교회와 공동체들은 종종 소망의 등대가 되어, 사랑과 섬김이 현대 사회에 만연한 물질주의와 분열에 대한 강력한 해독제임을 보여 준다.

나아가 단순한 나눔을 실천하는 이들은 성공과 부

의 기준을 재정의함으로써 기존의 사회 규범에 신선한 자극을 준다. 흔히 성공을 재산의 축적과 사회적 지위로 평가하는 이 세상에서, 급진적인 제자들은 하나의 대안적인 모델을 제시한다. 이는 곧 어떤 이의 가치가 그 사랑과 희생, 그리고 다른 이들을 기꺼이 섬기려는 마음의 태도를 통해 파악되는 관점이다. 이 반문화적인 입장은 다른 이들도 자신의 삶을 새로운 시각에서 살피게끔 영감을 주며, 몇몇 개인뿐 아니라 공동체 전체를 변화시키는 나눔 운동을 불러 일으킬 힘을 갖고 있다.

급진적인 나눔의 장애물을 극복하기

단순한 나눔은 이처럼 아름답고 명확한 성경의 명령에 근거하지만, 그 일이 늘 순탄하게만 이루어지는 것은 아니다. 다양한 장애물이 아낌없이 드리고 나누려는 우리의 마음과 뜻을 가로막을 수 있다.

재정적인 불확실성에 대한 두려움

많은 이들이 나눔을 주저하는 이유는 그로 인해 자기 삶의 필요들에 충분히 대처하지 못하게 될 것을 두려워하기 때문이다. 삶의 불확실성이나 현대 사회의 여러 재정적인 요구와 압박들로 인해 우리는 자칫 인색한 마음을 품을 수 있다. 하지만 성경은 우리에게 하나님의 공급하심을 신뢰할 것을 촉구한다. 우리에게 없는 것들에서 눈을 돌려 은혜로 주어진 것들에 주목할 때, 자신의 참된 부가 이 땅의 은행 계좌 속에 담겨 있지 않음을 깨닫게 된다. 오히려 그 부는 하나님과의 친밀한 관계 속에 있다.

문화와 사회의 영향력들

지금 우리는 소비 지향적인 사회에서 살아가기에 성공을 물질적인 부와 동일시하는 메시지들에 사로잡히기 쉽다. 단순한 나눔을 위해서는 복음 중심적인 삶의 비전을 품고 이 메시지들에 단호히 맞서야 한다. 이는 곧 자신을 위해 재물을 쌓기보다 다른 이들을 섬기기를 열망하며 이타적인 헌신을 추구하는 삶의 태도다. 그리고 이런 태도의 전환 가운데는 종종 성공에 대한 우리의 이해를 바로잡으며 자신의 소유보다는 그리스도 안에서 참된 만족을 얻는 일들이 수반된다.

개인의 자부심과 집착

우리의 소유에 대한 집착이나 자신의 삶을 스스로

통제하려는 욕구들은 단순한 나눔의 심각한 장애물이 될 수 있다. 온전한 나눔을 위해서는 자신의 모든 소유가 하나님의 선물임을 겸손히 인정하는 태도가 요구된다. 이런 집착을 내려놓는 일은 어려울 수 있지만, 우리가 아낌없이 나누는 삶의 방식을 따르기 위해서는 꼭 필요하다. 우리의 모든 소유가 하나님께로부터 온 것임을 인정할 때, 우리는 물질주의의 속박에서 벗어나서 더 깊고 충만한 삶의 길로 나아갈 수 있다.

나눔의 수혜자들이 지닌 문제들

아내와 나는 우리의 재정 지원을 받은 이들이 보인 삶의 태도에 실망한 적이 몇 번 있었다. 한 예로, 우리는 지역 사회에서 생계 유지조차 버거워하는 한 여성에게 상당한 금액을 기부했다. 당시 우리는 그녀가 자신의 낡은 차를 수리하고 충분한 음식을 비축하는 동시에 적절한 거주지를 찾고 밀린 청구서들을 처리하기를 바랐다.

하지만 안타깝게도 그 여성은 그 돈을 다 허비해 버렸다. 솔직히 말해, 그녀가 이 새로 생긴 돈을 사용한 방식에 관해 상당한 불쾌감을 느꼈다. 하지만 아내는 이런 내 태도를 부드럽게 책망하면서, 우리가 하나님의 뜻대로 어떤 금액을 기부할 때는 그 돈의 소유권을 내어 드리는 것임을 상기시켜 주었다. 우리의 역할은 그저 단순한 나눔의 삶을 향한 그분의 부르심에 순종하는 데 있다. 우리가 기부한 금액의 관리자나 회계 담당자가 되는 일은 우리의 책임과 무관하다는 것이다.

이런 문제들은 교회에서 흔히 생겨날 수 있다. 어떤 신자들은 교회의 재정 사용 방식을 불신한 나머지, 헌금을 보류하거나 그들의 뜻대로 쓰이게끔 그 용도를 지정하곤 한다. 하지만 그것은 단순한 나눔이 아니다. 일종의 통제에 기반을 둔 나눔이다. 우리가 속한 교회가 뚜렷이 그릇된 방식으로 재정을 허비하지 않는 한, 우리는 마땅히 하나님의 뜻대로 자신의 소유권을 넘겨 드려야 한다.

이것이 바로 단순한 나눔이다.

오늘날 단순한 나눔을 실천하기

단순한 나눔은 하나의 추상적인 이상이 아니다. 그것은 날마다 예수님을 따라가는 데 실제로 헌신하는 일이다. 그 일은 하나님을 위해 살아가려는 우리 자신의 결단에서 시작되며, 이후 외부로 확장되어 우리의 가족과 지역 사회, 나아가 더 넓은 세상에 광범위하게 영향을 미친다. 이 나눔을 우리의 삶 속에 녹여 내기 위한 일부 실천적인 단계들은 다음과 같다.

1. *기도와 묵상.* 매일 감사와 순종의 기도로 하루를 시작하라. 우리의 소유를 하나님께 속한 것으로 여기고 날마다 그분의 뜻대로 그 물질을 사용하게끔 인도해 주시기를 구하기 바란다.

2. *목적을 위한 예산 편성.* 여러분의 재정 상태를 살피고, 여러분이 속한 교회와 자선 단체, 또는 지역 사회의 프로젝트들을 돕기 위해 일부 금액을 따로 떼어 두라. 이것을 아까운 희생보다는 하나님 나라를 위한 일종의 투자로 여기기 바란다.

3. *적극적인 친절의 실천.* 나눔의 기회들을 찾아보라. 각 지역의 푸드뱅크에 기부하거나 시간을 내어 이웃을 돕는 일, 교회의 사역을 후원하는 일 등이 그 통로가 될 수 있다.

4. *자신의 경험을 함께 나누기.* 단순한 나눔을 통해 여러분 자신의 삶이 어떻게 변화되었는지를 숙고하고, 그 경험들을 다른 이들과 함께 나누어 보라.

여러분의 이야기는 다른 이들이 믿음의 발걸음을 내딛도록 영감을 줄 수 있다.

5. *지역 사회 활동에 참여하기.* 지역 봉사 프로그램을 후원하는 모임에 참여하거나 직접 만들어 보라. 이 공동의 나눔은 개별적인 기여의 영향력을 배가시키며 사랑과 지지의 네트워크를 형성한다.

교회 안에서 수행되는 나눔의 핵심 헌신

예수님의 생애는 단순한 나눔의 궁극적인 본보기였다. 그분은 우리 인류를 위해 자신을 온전히 내어 주셨으며, 깊은 섬김과 긍휼, 자기 희생을 드러내는 삶을 사셨다. 그분의 가르침은 나눔을 일종의 거래로 여기는 관점을 벗어나서 삶의 모든 영역에 영향을 미치는 급진적이고도 변혁적인 나눔을 받아들이게끔 우리를 인도한다. 이것은 우리의 여러 일상적인 책임들을 경솔히 저버리라는 것이 아니라, 주님의 공급하시는 손길을 신뢰하면서 그분의 한없는 사랑을 드러내는 방식으로 살아가라는 부르심이다.

물론 이 단순하고 아낌없는 나눔은 각 지역 교회 너머로도 확대되어야 한다. 하지만 이와 동시에 그 일이 우리 자신이 속한 교회에서부터 시작되어야 하는 것 역시 사실이다. 개인적으로 나는 총수입의 십 퍼센트 이상을 교회에 헌금하는 것을 삶의 기준으로 삼고 있다. 나는 그보다 더 드릴 수 있고 실제로 더 드리며, 이와 더불어 다른 단체의 사역을 후원하기도 한다.

돈에 대한 예수님의 가르침은 그저 우리의 재정 자체에 초점을 둔 것이 아니었다. 비록 사복음서에는 열한 개의 비유를 비롯해서 돈에 관한 가르침이 가득 담겨 있지만, 그분이 말씀하신 것은 그저 '유익한 재정 관리법의 기초' 정도가 아니다.

실제로 돈에 관한 예수님의 가르침에 담긴 주제는 단순하다. 이는 하나님이 우리에게 맡기신 재물을 그분의 영광을 위해 사용해야 한다는 것이다. 만약 우리가 그 재물에 대한 하나님의 뜻을 받들어 행하는 일을 조금이라도 망설인다면, 그분이 맡기신 다른 사명들도 제대로 감당하기 어려울 것이다.

이 점에서 부자 청년의 이야기는 여러 모로 교훈적이다(마 19:16-22). 그는 율법의 모든 계명을 지키면서 도덕적으로 반듯하게 살아온 이였지만, 그를 향한 예수님의 요구는 매우 단호했다. 구주이신 그분은 그 청년이 하나님의 뜻대로 쓰임 받으려면 자신의 모든 재산을 가난한 이들에게 나눠 주어야 한다고 말씀하셨던 것이다.

마태복음 19장 21-22절에는 이 장면이 이렇게 기록되어 있다. "예수께서 이르시되 네가 온전하고자 할진대 가서 네 소유를 팔아 가난한 자들에게 주라 그리하면 하늘에서 보화가 네게 있으리라 그리고 와서 나를 따르라 하시니 그 청년이 재물이 많으므로 이 말씀을 듣고 근심하며 가니라."

그 청년은 자신의 돈과 소유를 우상으로 삼고 있었다. 따라서 그가 예수님을 따르기 위해서는 그 모두를 진정으로 내려놓아야만 했다.

당시 그 부자 청년은 중대한 결단을 내리도록 요구받았지만, 그는 그렇게 하기를 원치 않았다.

단순한 나눔은 그저 교회의 여러 사역 중 하나에 그치지 않는다. 오히려 그것은 우리가 전적인 헌신을 드러내야 할 핵심적인 삶의 영역 중 일부이다. 물론 주님은 우리 자신의 모든 소유를 팔아 이웃과 나누기를 요구하지 않으실 수도 있다. 하지만 때로 주님은 바로 그 일을 요구하시기도 한다.

그 나눔은 그리스도를 따르는 일에서 우리를 한층 더 격려하거나 멀어지게 만드는 핵심 헌신의 영역이 될 수 있다.

그것은 우리가 그리스도의 몸에 속한 지체로서 마땅히 감당해야 할 하나의 핵심 헌신이다.

그 일은 지극히 중요하다.

* 우리 교회를 깨우는 세 가지 나눔

1. 여러분은 어떤 이유로 단순한 나눔을 망설여 왔는가? 여러분은 그런 상황들 속에서 어떻게 반응했는가?

2. 우리가 행위가 아닌 은혜로 구원 받는 것임을 감안할 때, 부자 청년의 이야기가 그리스도를 따르는 일에 관해 우리에게 말해 주는 바는 무엇인가?

3. 우리의 아낌없는 나눔이 자신의 교회에서부터 시작되어야 할 이유는 무엇인가?

5.

사랑의 절정인 그리스도를
이웃의 삶으로
흘려 보내다

나는 교회 컨설팅을 사랑한다. 1988년에 첫 컨설팅을 시작한 이래로 지금까지, 나는 하나님이 베풀어 주신 그 모든 기회들에 감사하다.

그간 나는 여러 지역에 있는 다양한 규모의 교회들과 함께 일해 왔으며, 그중에는 특정 교단에 속한 교회들뿐 아니라 초교파적인 교회들도 있었다. 그 과정에서 나는 그리스도의 몸인 교회를 한층 더 자세히 들여다볼 수 있었다. 현장에서 그들의 목소리를 직접 듣고 또 배웠다.

수백 번의 컨설팅을 마친 지금, 나는 그 경험들을 통해 실로 많은 것을 배웠음을 분명히 밝힐 수 있다. 모든 교회는 각자의 고유한 특징이 있으며, 각 회중은 그들만의 개성을 간직하고 있다. 하지만 안타깝게도 대부분의 교회들이 지닌 하나의 공통 특징이 있다. 그 교회들이 전도에 마음을 쏟지 않는다는 것이다.

컨설팅이 진행되는 동안, 각 교회의 교인들은 대개 자신의 삶이나 교회의 사역 가운데서 전도가 빠져 있음을 깨닫는다. 우리는 '당신의 교회를 알라(Know Your Church)'라는 이름의 자가 진단 도구를 각 교회들에 제공함으로써 그 성찰의 과정을 돕곤 한다. 여러분은 각 교회에서 스스로를 돌아볼 때 어떤 사역 분야를 가장 취약한 부분으로 여기는지를 짐작해 볼 수 있겠는가?

그렇다. 그간 우리가 진행했던 설문조사들에서 구십사 퍼센트의 교회들이 전도를 가장 취약한 사역 분야로 지목했다.

이 교회들은 무언가 잘못되었음을 알며, 그 교인들도 자신들의 삶에서 전도가 빠져 있음을 인식한다. 그러면 그들이 이 문제에 관해 어떤 조치를 취하지 않는 이유는 무엇일까?

이는 그 일을 자신들의 핵심 헌신으로 삼지 않기 때문이다. 복음을 들고 사람들에게 다가가지 않는 한, 각 교회는 진정한 의미의 교회가 될 수 없다. 그리스도의 메시지를 나누지 않을 때, 각 회중이 여전히 하나의 공동체로 남을 수는 있지만 그 주된 목적을 성취하는 데는 실패하고 만다.

복음 전도는 잃어버린 영혼들에게 다가가라는 그리스도의 명령에 순종하는 일이다. 그것은 교회의 생명줄과도 같다. 교회가 자신들의 내부에만 관심을 둘 때, 그 공동체는 어떤 선한 영향력도 발휘하지 못하는 일종의 안락한 모임으로 변질할 위기에 처한다. 이제이 복음 전도라는 핵심 헌신의 항목을 살피면서, 주님께 순종하는 교회 생활이 어떻게 전도로 이어지는지를 탐구해 보자.

유언장, 남겨진 이들을 향한 가장 깊은 진심

몇 년 전에 아내와 나는 변호사에게 새 유언장 작성을 의뢰했다. 이는 그 사이에 우리 삶의 정황들이 많이 달라졌기 때문이다. 아들들은 모두 집을 떠나 결혼해서 각기 자녀들을 두었다. 그렇기에 우리는 기존의 유언장을 갱신할 필요가 있었다.

변호사가 그 유언장에 관해 몇 가지 수정사항을 제안했지만, 한 가지 핵심 요점은 달라지지 않은 채로 남아 있었다. 우리의 재산 대부분을 여전히 아들들과 그 가족들에게 물려주려 한다는 것이었다. 그리고 우리는 그저 우리의 물질적인 소유를 남겨 주는 일에만 초점을 두지도 않았다. 그보다도 그 유언장을 통해 그들을 향한 우리의 사랑을 명확히 전하려 했다. 우리의 마지막 말이 그 아이들에게 '사랑한다'는 메시지로 와 닿기를 바랐던 것이다.

사도행전에 기록된 예수님의 마지막 말씀은 제자들에게 남기신 유언과도 같았다. "오직 성령이 너희에게 임하시면 너희가 권능을 받고 예루살렘과 온 유대와 사마리아와 땅 끝까지 이르러 내 증인이 되리라"(1:8). 그리고 이 말씀은 능력을 주신다는 약속일 뿐 아니라 하나의 명령이기도 했다. 당시 그들은 예배와 교제를 위해 함께 모일 뿐 아니라 온 세상에 나가서 구원의 복된 소식을 전하도록 부름 받았던 것이다.

주님의 이 명령은 진정한 교회 생활의 토대를 이룬다. 그 말씀은 교회의 목적이 복음을 전하고 사람들을 제자로 삼는 데 있음을 일깨워 준다. 사람들이 각자의 유언장을 통해 자신의 최종적인 뜻을 밝히듯이, 예수님의 말씀 속에도 온 세상을 변화시킬 하나의 운동을 일으키려는 그분의 깊은 의도가 담겨 있었다. 그 말씀은 우리의 지역 교회들이 어떤 공동체가 되어야 하는지에 관한 하나의 명확한 지침이며, 이는 곧 그 교회들이 자신들의 경계 너머로 나아가서 복음을 전하고 나누어야 한다는 것이었다.

이 예수님의 명령은 모든 신자들이 전도에 참여해야 함을 드러낸다. 그분의 말씀 가운데는 교회의 핵심 본질이 담겨 있으니, 이는 그 공동체가 복음을 증거하기 위해 존재한다는 것이다. 만약 어떤 교회가 지역 사회와 단절된 채로 자신들만의 안락한 공간에 머문다면, 그들은 구주의 명령을 받드는 데 실패할 것이다. 전도는 일종의 부수적인 활동이 아니다. 모든 제자들이 지역 교회를 통해 실천해야 할 하나의 궁극적인 과업이다.

전도는 우리의 핵심 헌신 중 하나이다.

모든 것이 전도는 아니다

지금 많은 교회들이 자신들의 활발한 지역 공동체 사역과 사회 봉사를 자랑하곤 한다. 그들은 음식 기부 운동을 조직하고 지역의 자선 단체들을 후원하며, 주민들의 실질적인 필요를 돌보기 위한 여러 외부 활동을 펼친다. 물론 이런 활동들 가운데는 칭찬할 만한 사랑과 섬김의 수고들이 담겨 있다. 하지만 그중 상당수는 뚜렷한 전도의 목표를 지니지 않는 것 역시 사실이다. 그 교회들은 지역 사회를 섬기면서도 실제로 복음의 메시지를 나누지는 않기에, 그 선한 영향력은 불완전한 채로 남고 만다.

우리 처치앤서즈 팀은 그동안 지역 사회를 위해 놀라운 일들을 감당하는 수많은 교회들과 함께 사역해 왔다. 그런데 많은 경우, 이 교회들은 그런 사회 봉사를 자신들의 공동체 외부를 향한 핵심 사역으로 여기곤 한다.

우리는 근래에 노스캐롤라이나주의 한 교회와 함께 일했는데, 그곳에서는 지역 사회를 위해 탁월한 사역을 감당하고 있었다. 그곳에서 매년 열리는 행사에는 다양한 놀거리와 구경거리, 먹을거리가 포함되며, 그 목표는 그 사역의 기금 마련에 있다. 그 교회 지도자들은 지난 십칠 년간 해마다 천오백 명이 넘는 인원이 그 행사에 참석했다고 말해 주었다. 이는 그간 이 교회가 그 지역 주민들을 상대로 섬길 기회가 이만 오천 번이 넘게 있었음을 의미한다.

그러면 이 교회가 그 기회들을 통해 주민들에게 복음을 전한 경우는 과연 몇 번 정도였을까?

단 한 번도 없었다.

그곳에는 전도의 사역이 아예 없었던 것이다.

교회가 구원의 메시지를 선포하지 않으면서 사람들의 물질적인 필요를 채워 주는 데에만 초점을 둘 때, 그 교회는 복음의 핵심을 놓칠 위험성이 있다. 우리의 선한 행실은 그리스도의 복음을 통해 변화된 마음에서 자연스레 흘러나오는 것일 뿐, 그것 자체가 우리의 목표가 되어서는 안 된다.

신약 성경은 전도가 신자들의 책임임을 분명히 언급하고 있다. 하지만 우리는 이웃을 위해 근사한 섬김의 사역을 감당하면서도, 그들에게 예수님을 증거하라는 성경의 이 부르심을 간과하곤 한다. 그렇기에 각 지역 교회들은 물질적인 봉사 활동과 복음의 메시지를 담대히 전하는 일 사이에서 적절한 균형을 찾을 필요가 있다.

우리의 과제는 교회의 모든 봉사 활동이 또한 사람들을 그리스도께로 인도하는 것이 되게 하는 데 있다. 우리가 어떤 이들에게 음식을 나누어 주거나 지역 사회 프로그램을 운영할 때, 그 목적은 궁극적으로 복음 전도에 놓여야 한다. 그 일들을 통해 예수님 안에 있는 참 소망을 함께 나눌 기회를 만들어 내야 하는 것이다.

교회의 지체들은 전도를 하나의 개별적이고 선택적인 사역으로 취급하기보다, 교회의 모든 활동 속에 자연스럽게 녹아 있는 하나의 본질적인 사명으로 여기게끔 훈련되어야 한다.

궁극적으로는 모든 신자들이 전도를 자신의 핵심 헌신 중 하나로 삼아야 한다. 각 교회가 다양한 전도 사역과 프로그램들을 갖추는 것은 분명히 좋은 일이다. 하지만 그런 사역들은 복음 전도에 직접 헌신하는 교인들로 채워져 있어야 한다.

제자도의 통로인 지역 교회

신약 성경은 지역 교회가 새 신자들을 제자로 양육하시는 주님의 도구임을 계속 강조한다. 우리의 제자도는 하나의 고독한 추구가 아니며, 그 일은 교회 공동체 가운데서 가장 바람직한 방식으로 이루어진다. 초기 교회는 가르침과 교제, 기도를 위해 꾸준히 모였다(행 2:42-47). 그 모임을 통해 새 신자들이 양육을 받고 준비되어 세상에 복음의 증인으로 다시 보냄 받았던 것이다.

제자도와 전도는 서로 뗄 수 없이 연관되어 있다. 사람들이 제자가 될 때, 그들은 지역 교회 안에서 배우고 성장하도록 부름을 받는다. 그곳에서 그들은 복음의 변혁적인 능력을 체험하고 성숙한 신자들에게 배우며, 자신들의 삶 속에서 믿음을 실천하게끔 격려를 받는다. 그러므로 교회는 전도를 위한 일종의 자연적인 출발점이다. 이는 그 제자들이 믿음 안에 자라가면서, 조금씩 주위 사람들과 복음을 전하고 나눌 준비가 되어 가기 때문이다.

이 성장과 나눔의 과정은 신약 전체에서 꾸준히 드러난다. 바울은 자신의 사역 기간에 지역 교회들에게 편지를 쓰면서 그리스도의 제자로 살아가는 법을 계속 가르쳤다. 교회는 그저 고립된 개인들의 집합체가 아니다. 그곳은 모든 지체들이 서로의 삶을 책임 있게 돌아보며 성령님의 능력으로 잃어버린 영혼들에게 다가가는 하나의 참된 공동체이다.

복음 전파를 가로막는 네 가지 큰 장벽

이처럼 주님이 주신 사도행전 1장 8절의 명령과 초기 교회 당시의 강력한 제자훈련 모델이 있지만, 지금 많은 신자들이 전도에 어려움을 겪고 있다. 우리의 복음 전파를 흔히 방해하는 네 가지 장벽으로는 분주함과 무관심, 두려움과 자기 훈련의 부족을 들 수 있다.

분주함

바쁘게 돌아가는 오늘날의 세상에서 우리의 일정은 빠듯하고 해야 할 일은 많다. 그렇기에 그리스도인들은 흔히 전도를 위한 시간을 내기가 어렵다고 느낀다. 매주의 일과가 직장 일과 가정사를 비롯한 여러 의무들로 채워져 있기에, 복음을 전하는 일은 종종 뒷전으로 밀려난다. 그러나 교회에 헌신하며 교제와 전도를 위한 시간을 마련할 때, 우리는 전도가 추가적인 삶의 짐이 아니라 자연스러운 일상의 한 흐름임을 발견하게 된다.

실제로 많은 교인들은 너무 바빠서 지역 교회의

활동에 꾸준히 참여하기가 어렵다고 털어놓곤 한다. 그리고 여러 목회자들도 우리에게 그런 현실을 전해 준 바 있다.

한 예로, 플로리다주에서 사역하는 목회자 조쉬 (Josh)는 이렇게 말했다. "지금은 모든 이들이 바쁜 것 같습니다. 교회의 성도들도 마찬가지지요. 이곳 플로리다주에는 사람들이 무료나 저렴한 가격에 즐길 수 있는 곳이 너무 많습니다. 그들은 직장에 출근하고 가족을 돌보며 스포츠나 각종 여가 활동으로 몹시 분주하기에, 저희 교회의 사역에 잘 헌신하지 못하는 것 같습니다. 목사님도 이런 상황이 이해가 되시나요?"

솔직히 나는 그런 상황이 잘 이해되지 않는다.

우리는 자신이 중요시하는 일들을 위해서는 어떻게든 시간을 마련한다. 만약 지역 교회의 중요성에 관한 성경의 가르침을 진정으로 믿는다면, 여러분은 기꺼이 교회 일에 시간을 낼 것이다. 만약 대위임령을 받들어 복음을 전하는 일의 긴급성을 진실로 받아들인다면, 여러분은 그 일을 위해 시간을 따로 떼어 둘 것이다.

이 책에서 다룬 다섯 가지 핵심 헌신 가운데서, 지역 교회를 통한 전도에 하나님의 뜻대로 쓰임 받는 일에 대한 헌신이 맨 먼저 약화되곤 한다. 그러고는 대개 다른 헌신의 항목들도 그 뒤를 잇기 마련이다.

무관심

사탄은 우리의 복음 전파를 막으려고 자신의 제한된 능력 안에서 온갖 수단을 동원한다. 그는 교인들을 안일한 상태로 끌어들여서 복음 전도의 긴급성에 둔감해지게 만든다. 이때 그들은 반복적인 일상에 만족하며 그 편안한 삶의 패턴에서 벗어나기를 꺼리게 될 것이다.

이런 무관심은 아직 복음을 듣지 못한 이들의 필요를 외면하는 태도로 나타날 수 있다. 이 안일함은 교회의 사명을 약화시키고 변화의 가능성을 잠재우는 결과를 가져온다.

언젠가 나는 이 전도의 문제를 놓고 십 대인 내 손자와 이야기한 적이 있다. 그 아이는 내 일부 글들을 읽었으며 전에도 몇 차례 이에 관해 대화를 나눈 적이 있었다. 이때 그 아이가 던진 질문은 내 마음의 흥미를 유발하는 동시에 깊은 양심의 찔림으로 다가왔다. "만약 예수님이 유일한 구원의 길임을 믿는다면, 왜 우리 교회에서는 전도를 일종의 '소방 훈련'으로 시행하지 않는 걸까요?" (여기서 그 아이는 그 일의 긴급성과 준비의 필요성 모두를 함축하는 용어로써 그 표현을 사용했다.)

이런 그 아이의 질문은 무엇보다 내 마음에 깊은 자극과 깨달음을 주었다. 전도가 내 삶에서 하나의 소방 훈련처럼 꾸준히 지속되어 오지 못한 이유는 무엇일까? 그 일이 하나님이 나를 두신 지역 교회에서 내 삶의 핵심 헌신이 되지 못한 이유는 무엇일까?

그저 일종의 수사적인 질문이 아니다. 내가 하나님 앞에서 정직하게 답해야만 할 것들이다. 만약 내가 세상에 믿음을 전하지 않는다면, 이는 그들이 천국에 가든 말든 전혀 신경 쓰지 않는다고 여기는 것과 마찬가지가 된다. 무관심은 실로 원수의 가장 강력한 무기 중 하나일 수 있다.

두려움

거절과 실패, 또는 다른 이들을 언짢게 하는 일에 대한 두려움은 복음 전도의 흔한 장애물이다. 사람들의 반응을 염려할 때, 우리의 복음 전도는 특히 두려운 것이 될 수 있다. 그러나 성령님의 약속은 우리에게 이 두려움을 극복할 힘을 준다. 우리의 사명은 그리스도께로부터 직접 유래했으며, 그분이 친히 우리를 복음의 증인으로 삼아 주셨음을 기억하기 바란다.

몇 년 전 우리 팀이 교회에 다니지 않는 이들을 대상으로 연구를 진행했을 때, 응답자의 오 퍼센트만이 복음을 전하는 이들에게 적대적인 태도를 보였다는 사실을 발견했다. 대부분의 비기독교인들은 오히려 영원한 문제에 관한 대화를 환영했던 것이다. 따라서 거절이나 누군가를 불쾌하게 만드는 일에 대한 우리의 두려움은 대개 근거가 없는 것들이다.

그리고 누군가가 그리스도의 구원에 관한 메시지를 듣고 불편하게 여긴다고 해서 문제 될 일이 무엇인가? 그들이 우리의 '종교'에 대한 경멸을 드러낸다고 해서 큰 문제 될 것이 있는가? 어떤 이가 마침내 복음을 듣고 그 메시지에 응답할 때 얻는 기쁨에 비할 때, 이런 일들은 그저 우리가 감수해야 할 작은 대가일 뿐이다.

당시 내 손자의 질문은 정곡을 찌르는 것이었다. 우리는 전도를 우리 각자와 교회 전체를 위한 일종의 '소방 훈련'으로 받아들여야 한다.

자기 훈련의 부족

전도에는 우리의 지속적인 노력이 요구되며, 체계

적인 접근이 없이는 기회를 놓치기 쉽다. 많은 신자들은 다른 이들을 위해 기도하고 관계를 형성하며 신앙을 나누는 패턴을 이어 가는 데 어려움을 겪는다. 이 장벽을 극복하고 전도가 우리 삶의 일부가 되게 하기 위해서는 자기 훈련에 힘쓰는 일이 꼭 필요하다.

위의 장벽들이 있음을 인식하는 것이 그 극복의 첫걸음이다. 우리는 분주함의 문제에 주의 깊게 대처하고 자신의 무관심에 맞서 싸우며, 은밀한 두려움을 직시하고 자기 훈련에 힘을 쏟아야 한다. 그럴 때 우리의 복음 전도가 변화되며 주님과 동행하는 우리 일상의 자연스러운 일부분이 될 것이다. 우리는 전도를 하나의 핵심 헌신으로 삼을 수 있다.

전도가 중대한 헌신이 될 때

전도가 하나의 핵심 헌신으로 채택될 때, 신자 개개인의 삶뿐 아니라 교회 공동체 전체도 새로운 방향으로 재편된다. 이 헌신은 우리에게 더 높은 순종의 기준을 따를 것을 요구하며, 이 기준은 예를 들어 '호프 이니셔티브(the Hope Initiative)' 같은 프로그램 등을 통해 제시되는 바와 같다. 이 삼십 일 간의 프로그램에서는 교인들이 전도적인 삶에 헌신하며 믿음으로 나아가서 주변 사람들에게 복음을 전하도록 격려한다. 내 책 *Pray & Go*(기도하고 가라)의 원리들에 근거한 이 프로그램은 그간 적극적인 전도 문화를 조성함으로써 많은 교회들을 변화시켜 왔다.

전도를 하나의 핵심 헌신으로 여기는 교회는 자신의 생존이 그 일에 달려 있음을 이해한다. 지역 교회는 하나의 사교 클럽이 아니다. 그것은 사람들을 제자로 삼도록 보내심을 받은 그리스도의 몸이다. 교회의 모든 성도들이 이 전도의 사명에 헌신할 때, 그 영향력은 기하급수적으로 확대된다. 사람들의 삶이 변화되고 지역 공동체들이 새로워지며 하나님 나라가 확장된다.

전도를 핵심 헌신으로 삼는 일은 곧 그 과업을 교회 생활의 모든 측면에 접목시키는 일을 의미한다. 이때 우리는 지역 공동체를 위한 프로그램과 외부 행사까지도 전도의 목적을 염두에 두고 준비하게 된다. 그리고 우리의 모든 예배와 소모임, 교회 안의 모든 사역들을 곧 예수 그리스도의 복된 소식을 나누는 기회로 삼게 되는 것이다.

여러분 자신의 삶과 교회의 모습을 돌아보면서 이렇게 자문해 보라. '지금 복음 전도가 우리 공동체의 구조 속에 깊이 자리 잡고 있는가? 동료 신자들과 나는 적극적으로 복음을 전하는가, 아니면 우리들 자신의 삶에만 초점을 두면서 살아가고 있는가?' 전도를 등한시하는 교회는 결국 영적인 사망의 길로 나아가게 된다.

이 전도에 대한 헌신은 그저 하나의 선택 사항이 아니다. 그리스도께서 우리에게 주신 사명이며, 그분의 제자 됨이 지닌 모든 측면에 영향을 주는 하나의 최종 명령이다. 우리가 전도를 핵심 헌신으로 받아들일 때, 우리의 모든 섬김과 대화, 만남의 시간들은 곧 사람을 변화시키는 복음의 능력을 증거할 기회가 된다.

의미 있는 삶을 향한 우리의 여정은 하나의 고립된 몸부림이 아니다. 오히려 지역 교회 안의 교제와 순종을 통해 이루어진다. 우리는 단순한 나눔과 급진적인 기도, 성실한 교회 출석을 감당하는 동시에 복음을 나누고 전하는 일에도 헌신해야 한다. 이를 통해 우리는 주님의 대위임령을 성취하며, 이 세상을 변화시키시는 하나님의 사역에 귀한 도구로 쓰임 받게 될 것이다.

매일 사람들에게 다가가서 그들을 제자로 삼으며

희생적인 섬김으로 전도에 헌신할 때, 우리는 상처 입은 세상에서 예수님의 손과 발이 된다.

부디 복음 전도를 일종의 선택 사항으로 여기지 않고, 그리스도와 동행하는 여러분의 삶에 속한 하나의 본질적인 요소로 받아들이기 바란다. 주님의 부르심을 좇아 여러 장벽들을 극복하면서 담대하고 흔들림 없는 믿음으로 그 과업에 동참하라.

이 점을 명심하라. 우리는 그 전도에 헌신하는 일을 가볍게 여겨서는 안 된다. 이는 곧 영적인 전쟁이며, 원수는 우리를 맹렬히 대적해 올 것이다.

지난 사십 년간 여러 교회들과 함께 사역해 오면서, 나는 우리의 전도 사역을 방해하기 위한 사탄의 전술과 책략들을 생생히 목격했다. 그는 우리가 그 일의 중요성을 망각하기를 원한다. 지금 여러분이 이 글을 읽고 난 뒤에도 금세 주의를 다른 곳으로 돌리기를 기대한다.

무관심은 원수의 가장 강력한 무기다. 우리가 전도의 우선성을 잊고 다른 일들로 관심을 돌리며 그 영원한 의미와 시급성을 간과할 때, 사탄은 이미 승리를 거둔 것이 된다.

나는 이 책의 독자들에게 이같이 간청한다. "여러

분은 이 중대한 헌신을 할 준비가 되었는가?" 솔직히 말해, 여러분이 이 헌신을 저버린다면 다른 네 가지는 아예 신경 쓰지 않아도 좋다.

여러분은 지금 당장 하나님께 이 헌신의 능력을 구할 준비가 되었는가? 하나님이 매일 이 헌신의 중요성을 일깨워 주시기를 기도할 준비가 되었는가? 여러분은 정말 준비가 되어 있는가?

이것은 가장 중대한 헌신이다.

* 우리 교회를 깨우는 세 가지 나눔

1. 한 지역 교회가 전도에 헌신하는 일은 그 공동체의 사역 전반과 제자 양육에 어떤 영향을 미치는가?

2. 분주함과 무관심, 두려움과 자기 훈련 부족 등의 장벽을 극복하는 일은 복음 전도에 대한 우리의 접근법을 어떻게 변화시키는가?

3. '호프 이니셔티브'나 《기도하고 가라》 등의 책과 프로그램들은 여러분의 교회 안에 전도의 문화를 조성하는 데 어떻게 기여하는가?

PART 3

동네 교회를

다시 춤추게
하라

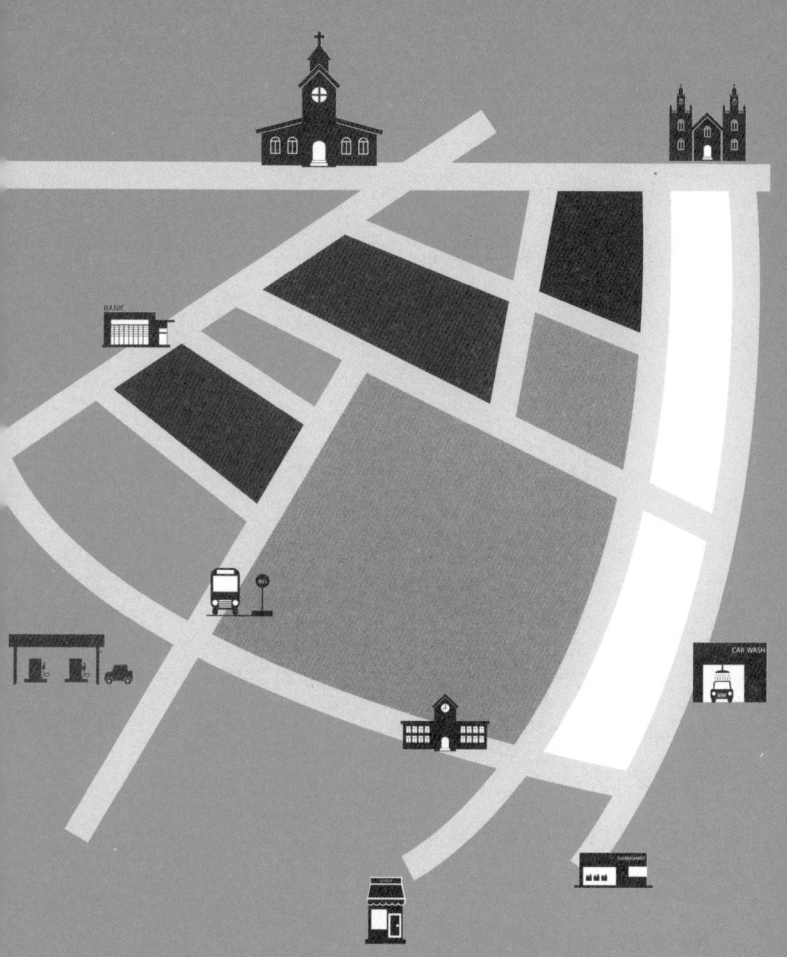

BANK

CAR WASH

SUPERMARKET

Crucial
Commitments

1

오늘도 기꺼이,
아낌없이 나를 내어 드릴 때
교회 부흥은 시작된다

나는 1977년 12월 17일을 분명히 기억한다. 그날
은 내 결혼식이었다. 당시 아내와 내가 결혼할 뜻을
밝혔을 때, 주위에 그 누구도 놀라지 않았다. 이미 우
리는 오 년이 넘게 교제해 온 상태였기 때문이다. 우
리의 가족과 친구들에게 '톰과 넬리 조(나와 아내)'는 거
의 한 단어나 다름 없었다.

하지만 나는 그 이후에 찾아올 일들을 미처 예상
하지 못했다. 매일 내게 더 큰 기쁨을 주는 놀라운 세
아들이 태어난 일. 내 미래의 며느리들을 만나고 하나

님이 아들들에게 이렇게 멋진 선물을 주신 것에 경탄
했던 순간들. 열 명의 손주 탄생과 열한 번째 손주의
입양.

아들들이 그리스도를 구주로 영접했을 때 흘린 눈
물. 내 손주들이 주님을 영접했을 때도 그리했던 일.
내 아들들의 결혼식을 주례한 일.

많은 책을 집필한 일. 네 교회의 담임 목사로 사역
하고 아홉 곳의 임시 목사로 섬긴 일. 신학교 학장이
된 일. 세계에서 가장 큰 기독교 자료 회사 중 한 곳의
사장이 된 일. 교회들을 위한 컨설팅 및 리서치 회사
를 설립한 일. 그리고 더욱 많은 삶의 축복들이 있었
다. 참으로 셀 수도 없이 많은 축복들이었다.

하지만 1977년의 그날은 많은 고통의 시작점이기
도 했다. 부모님 두 분이 갑자기 돌아가신 일. 한 손주
의 죽음. 아내가 암으로 거의 죽을 뻔한 일. 그녀가 여
러 번의 수술과 화학 요법, 방사선 치료를 겪은 일. 아
내가 심한 통증에 시달릴 때 느꼈던 무력감. 장인 어
른의 사망. 두 아들이 아무 이유 없이 교회의 목사직
에서 해임되었을 때 느낀 무력감. 나 자신의 활동 분
야에서 경험한 여러 도전과 비판, 의심의 시선들.

그러면 아내와 나는 어떻게 지금까지 거의 반 세

기에 걸쳐 결혼 생활을 이어 올 수 있었을까? 단언컨대 그 일이 늘 쉽지만은 않았다. 그 삶의 여정에서 내 여러 인격적인 결함이 드러났으며, 이는 누군가의 결혼 생활을 무너뜨릴 수도 있을 만한 것들이었다. 분노와 질투, 조급함, 무관심, 자아 도취, 일 중독 등이 그것이다.

하나님의 은혜가 없었다면, 아마 우리의 관계도 파국에 이르렀을지 모른다. 때로는 오직 한 가지가 우리의 결혼 생활을 지탱해 왔다. 이는 곧 하나님과 사람들 앞에서 죽음이 서로를 갈라놓을 때까지 함께할 것을 다짐한 헌신의 약속이었다.

지금 우리는 여전히 결혼한 상태이다. 이는 물론 우리가 서로를 사랑하기 때문이지만, 그 헌신을 약속했기 때문이기도 하다. 우리는 서로에게 헌신을 다짐했으며 하나님 앞에서 그 약속을 고백했다. 그리고 많은 가족과 지인들 앞에서도 그 약속을 확언했다.

우리가 지금도 결혼 생활을 이어 가는 이유는 그 관계를 유지하는 데 서로 헌신하고 있기 때문이다.

이는 곧 모든 것을 바꾸어 놓은 헌신이었다.

여러분의 교회를 향한 헌신

우리는 여러 이유로 다니던 교회를 떠날 수 있다. 하지만 성경적으로 정당화될 만한 이유들은 그리 많지 않다.

근래에 나는 한 동료 교인과 대화를 나누었는데, 그는 자기가 먼저 다니던 교회를 떠나야만 했기에 이곳에 오게 되었다고 말했다. 당시 그가 내 표정을 읽었는지 모르겠지만, 나는 속으로 움찔하는 기분이 들었다. '또 시작이군. 원래 있던 교회에서 뜻대로 되지 않자 또 다른 교회로 도망친 얄팍한 신자가 여기 있네.'

하지만 내가 틀렸다. 그는 자신의 교회에서 접했던 거짓 교리를 내게 이야기해 주었는데, 그중에는 우리의 구원이 그리스도 외의 다른 것들에게도 의존한다는 내용도 포함되어 있었다. 그는 이 문제를 바로잡으려고 담임 목사와 장로들도 만나 보았지만 아무 소용이 없었다. 그래서 결국 그 교회를 떠났던 것이다. 이런 그의 이유는 물론 정당했다.

또 나는 어떤 집회에서 한 여성을 만났는데, 그녀는 최근에 원래 다니던 교회를 떠나 같은 도시의 다른 교회로 옮긴 미망인이었다. 그녀는 상당히 어려운 상황 속에 있었다. 그녀가 교회를 옮긴 이유는 기억 돌봄 센터에 입소한 어머니 곁에 있고 싶었기 때문이었으며, 그 어머니는 알츠하이머 병으로 이미 심각한 타격을 입은 상태였다. 그리고 두 교회는 행정구역 상으로 같은 도시 안에 있었지만, 실제 거리는 차로 사십 분이 걸릴 정도였다. 그녀가 교회를 옮긴 이유도 충분히 이해할 만하다.

하지만 한 신자가 같은 지역 안의 다른 교회로 이동하는 경우, 대개는 잘못된 이유에서 그리할 때가 많다. 누군가가 자신의 감정을 상하게 했거나 예배 음악이 마음에 들지 않는다든지, 설교가 너무 길고 지루하다든지 하는 것들이 그런 이유이다. 그리고 많은 목회자들은 사역의 어떤 시점에서 이런 당혹스러운 말들을 듣게 된다. "이곳에서는 제 영적인 갈증이 채워지지 않아요."

여러분의 교인 됨을 가볍게 여기지 말라. 예배 참석과 소모임 활동, 헌금과 나눔 등을 그저 자신의 종교성을 드러내기 위한 일종의 체크리스트 정도로 생각하지 말기 바란다. 여러분이 속한 교회에 대한 헌신은 매우 중요하다. 아마 그것은 여러분이 감당할 수 있는 가장 중대한 헌신 중 하나일 것이다.

이에 관한 성경의 몇 가지 진리를 숙고해 보자.

교회의 삶은 헌신된 결혼 생활과 같다

앞서 이 부분을 이미 다루었지만, 우리는 이 진리의 중요성을 제대로 이해할 필요가 있다. 그리스도께서 교회를 자신의 신부로 삼으시고 친히·교회의 남편이 되신 것은 결코 사소한 일이 아니다. 그리스도는 그 결혼에 온전히 헌신되어 계시며, 우리 역시 그분께 헌신해야 한다.

우리 문화에서 교회를 향한 헌신이 소홀해지거나 아예 사라져 버린 구체적인 시점을 파악하기는 쉽지 않다. 나는 한 달에 두 주만 교회에 결석해도 불순종의 죄를 짓는 듯한 기분이 들었던 때가 아직도 기억난다. 하지만 오늘날 많은 교회들에서는 그렇게 절반쯤만 헌신하는 교인들이 '장로'로 불리곤 한다. 이런 내말에는 약간의 농담이 섞여 있지만, 실제로는 상당히 안타까운 상황이다.

주전자 속 개구리의 비유에서처럼, 우리가 미처 그 변화를 눈치 채지 못한 이유는 그것이 조금씩 서서히 진행되어 왔기 때문이다. 하지만 오늘날 많은 교인들의 헌신은 실로 심각한 상태에 처해 있다.

이제 우리가 지역 교회에 헌신해야 할 열 가지 이유를 제시해 보려 한다. 이 열 가지 이유는 다만 숙고의 시작점일 뿐이다. 나는 여러분이 시간을 내어 각각의 성경 본문들을 제대로 살펴보기를 권면하고 싶다.

동네 교회로 돌아가야 할 열 가지 이유

1. 성경적인 순종(히 10:24-25)

성경은 신자들에게 함께 모이는 일을 소홀히 하지 말 것을 분명히 가르친다. 우리가 지역 교회에 꾸준히 출석하고 참여하는 것은 곧 하나님의 명령을 받드는 일이며, '절반만 교회에 나오는 그리스도인들'은 그 뜻에 불순종하는 이들이다.

2. 서로 간의 격려와 영적인 성장(엡 4:11-16)

지역 교회는 신자들이 영적으로 성장하고 서로를 세워 주며 믿음과 인격의 측면에서 함께 성숙해 가도록 하나님이 마련해 두신 주된 장소이다. 우리는 '혼자 교회에 가도록' 지음 받은 존재들이 아니다. 우리에게는 서로가 필요하다.

3. 영적인 은사들의 활용(고전 12:4-7)

모든 신자들에게는 성령님이 주신 각자의 은사가

있다. 우리가 지역 교회에 헌신할 때, 이 은사들을 온전히 파악하고 계발하며 활용할 환경을 얻게 된다. 바울이 영적인 은사들의 문제를 다룰 때 오직 신자들이 속한 각 지역 교회의 맥락에서 그리했던 점을 기억하라. 그리스도의 몸인 교회 안에서는 각 지체들이 모두의 더 큰 유익을 위해 섬기고 봉사해야 한다.

4. 공동체와 교제(행 2:42-47)

하나님은 우리가 함께 공동체를 이루도록 창조하셨다. 지역 교회는 신자들이 그분의 사랑과 일치를 드러내는 진실하고 의미 있는 관계를 경험할 수 있게 하나님이 정해 두신 환경을 제공한다. 이는 지금의 Z세대와 알파 세대에게 더욱 중요한 일이 될 것이다. 이 젊은 세대들은 과도한 스마트폰 사용과 소셜 미디어로 인한 디지털 중독과 의존 때문에 건강한 관계 형성에 어려움을 겪고 있다.

5. 책임과 제자도(잠 27:17; 갈 6:1-2)

영적인 성장은 지체들이 서로의 삶을 책임 있게 돌보는 환경 속에서 가장 잘 이루어진다. 각 지역 교회에 헌신할 때, 신자들은 영적인 시험과 방황의 위험에서 보호를 받으면서 인격적인 거룩의 길로 나아간다. 우리는 서로의 삶을 돌아보는 일을 부담스러운 과업이 아닌 하나의 기쁨으로 받아들여야 한다.

6. 대위임령의 성취(마 28:18-20; 행 1:8)

지역 교회는 그리스도께서 자신의 대위임령을 이루어 가시는 하나의 방편이다. 이곳에서 신자들은 복음을 듣고 지역 사회와 온 세상으로 나아가는 일에 동참한다. 하지만 안타깝게도 오늘날 대다수의 교회들은 그 주님의 명령을 따르는 대신에 무익한 태만과 안일에 빠져 있다.

7. 역경의 때에 얻는 위로(갈 6:10; 약 5:13-16)

지역 교회는 우리가 어려움과 슬픔 혹은 위기에 직면할 때 목회적인 돌봄과 지지, 격려를 제공한다. 이를 통해 서로의 짐을 나눠 지라는 성경의 명령을 성취하는 것이다. 나는 지금도 각 지역 교회들이 어려움을 겪는 이들을 위해 서로 협력하는 모습을 보면서 경탄하곤 한다. 물론 그 교회의 교인들 역시 다른 이들을 돌보는 일에 동참해야 할 것이다.

8. 영적인 지도력에 대한 복종(히 13:17)

하나님은 지역 교회 안에 영적인 지도자들을 세우셔서 신자들을 돌보고 인도하게 하신다. 그러므로 교회에 헌신할 때, 우리는 경건한 리더들의 지도 아래서 건전한 교리들을 배우며 적절한 목회적 돌봄을 받을 수 있다. 복종은 부정적인 단어가 아니다. 다른 이들이 우리를 다스릴 뿐 아니라 세심히 돌보고 있음을 아는 것은 오히려 우리에게 참된 해방감을 준다.

9. 공동 예배(시 95:1-6; 골 3:16)

동료 신자들과 꾸준히 한데 모여 예배할 때, 우리 마음이 하나님께로 향하며 그분만을 바라보게 된다. 이는 그분의 주권과 은혜, 선하심을 우리에게 상기시킨다. 하나님의 백성들이 함께 예배할 때, 우리는 장차 천국에서 함께 누릴 기쁨을 미리 체험하게 된다.

10. 세상을 향한 가시적인 증거(요 13:34-35)

교회의 일치와 사랑, 서로에 대한 헌신은 세상의 불신자들을 향해 복음의 참됨을 드러내는 하나의 가시적인 증거이다. 그리고 이 증거는 강력한 전도의 영향력을 지닌다. 오늘날에는 아이러니하게도 비그리스도인들이 교회의 필요성을 옹호하는 글들을 쓰곤 한다. 최근에 조너선 하이트가 자신의 책《불안한 세대》(The Anxious Generation)에서 그런 목소리를 냈으며, 다른 여러 세속적인 저자들도 같은 주제를 거론하고 있다. 지금 우리 문화는 더 이상 세상에 복음을 생생히 증언하지 못하는 교회들의 공백을 느끼고 있다. 아이러니하게도 우리 문화는 지역 교회들의 부활을 갈망하는 것이다.

우리 삶을 향한 하나님의 계획

생각해 보라. 지역 교회의 탄생 과정은 사도행전에 기록되어 있다. 사도행전 2장부터 계시록 3장까지 신약 성경은 계속 지역 교회에 초점을 두며, 이 책들은 신약의 매우 많은 분량을 차지한다. 이처럼 지역 교회는 하나님 보시기에 중요하며, 우리 역시 그곳을 소중히 여겨야 한다.

여러분은 하나님이 허락하신 인생의 짧은 기간 동안에 이 세상에 진정한 변화를 가져오기를 원하는가? 이 땅에서 진정한 목적을 좇는 삶을 살기 원하는가?

하나님 말씀에 따르면, 우리가 교회의 헌신된 지

체로 살아갈 때 비로소 이 세상을 변화시킬 수 있다. 그것이 바로 우리 삶을 위한 하나님의 계획이며, 이를 통해 우리는 진정한 변화를 가져올 수 있다. 이때 우리는 온 세상을 뒤바꿔 놓는 그 위대한 운동의 동참자가 되는 것이다.

지역 교회는 그저 또 하나의 평범한 조직체가 아니다. 그곳은 일종의 사교 클럽이나 단순한 시민들의 동호회가 아니다. 지역 교회는 하나님이 여러분의 삶을 통해 이 세상을 변화시키기 위해 마련해 두신 장소이다. 그렇기에 나는 이 책에서 여러분이 적어도 다섯 가지의 핵심 헌신에 동참하도록 강권했다. 물론 우리가 헌신해야 할 항목들은 그 다섯 가지에만 국한되지 않는다. 하지만 우리가 이 책에서 다룬 그 일들에 먼저 동참할 때, 하나님의 뜻에 부합하는 교회의 지체로 자라 갈 힘을 충분히 얻게 될 것이다.

혁명 같은 사랑

여러분이 나를 조금이라도 안다면, 내가 가족들을 깊이 사랑한다는 점도 알고 있을 것이다. 나는 끊임없이 아내와 아들들, 며느리들과 손주들에 관해 이야기하고 글을 쓰기 때문이다. 그간 내가 가족 이야기를 할 때, 아마 어떤 이들은 조금 눈살을 찌푸리면서 이렇게 생각했을 것이다. '또 시작이군.'

나는 종종 사람들에게 아들들이 내 가장 친한 벗이기도 하다고 말해 왔다. 이는 순전한 진실이다. 나는 그 아이들이 태어날 때부터 지금의 중년 남성들이 될 때까지 그들을 늘 아끼고 사랑해 왔다. 샘과 아트, 제스. 그 아이들의 이름을 쓰는 것만으로도 내 마음속에 사랑과 기쁨, 자부심이 샘솟는 것을 경험한다.

랜디 루비어(Randy Loubier)가 〈크리스채너티 투데이〉지에 투고한 이야기를 읽고 내가 눈물지은 이유도 바로 여기에 있었다. 랜디는 교회에 다니는 사람들을 증오했으며, 실제로 일인칭 시점에서 쓴 그의 글 제목이 그것이었다. "나는 '교회 사람들'을 증오하지만 내게 그들이 필요함을 알게 되었다"(I hated 'Church People.' But I Knew I Needed Them).[6] 그의 글에 담긴 이야기는 하나의 비극이었다. 랜디는 내부 고발자라는 이유로 자신의 직장에서 해고되었다. 그러고는 삼 주도 지나지 않았을 때 두 아들이 각기 여자친구를 잃었다. 한 명은 자살로, 다른 한 명은 교통사고로 숨을 거두었다.

나 역시 아들들과 함께 인생의 고된 시기들을 겪

어 왔다. 둘째는 자동차 사고로 절친한 벗을 잃었으며, 앞서 말했듯이 두 아들들이 교회에서 해고를 당했다. 그리고 막내는 손주 윌을 낳은 지 한 시간만에 잃었다.

내가 살면서 가장 쓰라린 눈물을 흘린 것은 내 아이들이 고통을 겪을 때였다. 그렇기에 랜디 루비어나 그 아내와 아들들이 겪었을 아픔을 상상하는 일이 내게는 그리 어렵지 않았다. 그 이야기를 읽기만 해도 몹시 가슴이 아파 왔다.

두 장례식 모두에서, 데비(Debbie)라는 여성이 다가와서 랜디의 가족들을 위로했다. 그리고 또 장례식에서는 세상을 떠난 여자친구의 어머니가 자신의 여자친구를 잃은 랜디의 아들을 염려해 주었다. 랜디는 그 어머니가 교회에 출석하는 그리스도인임을 이미 알고 있었지만, 그녀가 자신의 깊은 슬픔 속에서도 이렇게 위로의 말을 건네는 모습을 보면서 큰 충격을 받았다.

당시 랜디가 느꼈던 놀라움은 이런 그의 말에서 잘 드러난다. "이게 대체 무슨 일이지? 저 여자 분은 방금 자신의 딸을 잃었는데, 오히려 내 아들을 염려해 주고 있다니? 그런 일이 어떻게 가능한 걸까?"[7]

그후 집으로 돌아오는 길에, 랜디의 아내가 그에

게 이렇게 말했다. "나는 지금부터 교회에 다녀볼까해." 나는 이때 랜디가 보인 반응이 마음에 들었다. 그 글은 전에 내게도 그와 비슷한 일이 있었던 것을 상기시켜 주었던 것이다. 그는 그때의 일을 담담한 어조로 이렇게 서술한다. "아내의 말은 함께 교회에 가자는 요구나 권유가 아니었다. 그녀는 내가 교회를 증오한다는 것을 알고 있었기 때문이다. 하지만 나는 자원하는 마음으로 함께 가겠다고 했다."[8]

그후 랜디의 장인이 그에게 성경책을 보내 주었다. 이전에 성경을 펼쳐 보지 않겠다고 다짐한 바 있었지만, 이제 그는 그 책을 처음부터 끝까지 읽어 보기로 결심했다. 마침내 구약 읽기를 마칠 무렵, 그는 기록된 하나님의 말씀에 완전히 매료되었다. 그리고 요한복음에 이르러서는 살아계신 하나님의 말씀이신 주님과 사랑에 빠졌다. 그리하여 랜디는 그리스도를 믿는 신자가 되었다.

이런 그의 이야기는 지역 교회를 통해 이 세상을 변화시킨 신자들의 수많은 이야기 중 하나일 뿐이다.

그것은 실로 하나의 혁명이었다. 랜디는 자신의 삶에 찾아온 이 변화의 시작점이 어디인지를 독자들에게 이렇게 일깨운다. "분명히 말하건대, 처음에 성경에 대한 내 호기심을 불러일으킨 것은 바로 교회였다. 만약 그 하나님의 백성들이 먼저 그 놀랍고 경이로운 사랑을 내게 보여 주지 않았다면, 나는 하나님의 말씀을 굳이 펼쳐 보려 하지 않았을 것이며 그 내용에 매료될 일도 없었을 것이다."[9]

이제 우리도 그 혁명에 동참할 때가 왔다. 그 혁명은 예루살렘 교회에 있던 한 무리의 소박한 신자들과 함께 시작되었으며, 이후 온 세상을 변화시켜 왔다. 당시 그 혁명은 지켜보는 이들의 눈과 마음을 사로잡았으며, 그 교회는 "온 백성에게 칭송을 받[았다]"(행 2:47). 그리하여 그 도시의 사람들이 날마다 구원의 길로 나아오게 되었던 것이다.

우리는 그저 형식적인 예배 참여를 위해 각 교회의 교인으로 부름 받은 것이 아니다. 우리는 복음의 능력을 실제로 드러내고 전파하는 교회의 일원이 되도록 부름 받았다. 헌신된 교회의 지체로서 매일 충만한 삶을 누리는 일은 우리에게 주어진 가장 고귀한 소명 중 하나이다.

인생의 끝

당시 나는 스물네 살의 사업가로서, 교회에 다니지 않았지만 무언가 더 깊은 삶의 의미를 갈망하고 있었다. 아내가 첫 아이를 임신했을 때, 그녀는 교회에 다니는 일을 고려해 보라고 내게 부드럽게 권했다. 그녀의 이 설득과 곧 아버지가 될 일에 대한 책임감이 나를 교회로 인도했다.

그리하여 우리는 교회를 만났다. 우리는 혁명의 일부분이 되었다. 그것이 시작이었다.

하지만 이제는 인생의 끝이 다가왔다. 내게 남은 세월이 얼마나 될지 모르지만, 일반적인 사망률 통계는 그 시기가 멀지 않았음을 일깨워 준다.

내 삶은 교회를 통해 새로워졌다. 내 존재의 목적이 교회에서 다시 회복되었고, 내 삶의 여정 역시 그러했다. 나는 그 놀라운 혁명의 일부가 되었으며, 그 혁명도 내 삶의 일부가 되었다.

물론 내 인생에서 후회되는 일들도 있다. 나는 분명히 많은 실수를 범했다. 하지만 내가 결코 후회하지 않는 일도 여럿 있다. 나는 아내와 결혼한 것이나 내 아들들의 아버지로 살아온 일을 후회하지 않는다. 나는 예수님의 부르심에 '네'라고 응답한 것도, 그간 내

가 섬기고 사랑해 온 여러 교회들의 일원이 되었던 일
도 아쉬워하지 않는다.

그렇기에 나는 후회스럽게 살지 않았다. 이제 내
인생은 거의 막바지에 이르렀을지 모르지만, 그것은
하나의 놀라운 여정이었다.

동네 교회를 살리는 사람들의 다섯 가지 중대한 헌신

어떤 의미에서, 내 삶의 여정은 그리스도의 아름다
운 신부인 지역 교회의 존재와 가치를 사람들에게 상
기시키기 위한 것이었다. 그 교회는 완벽하지 않으며,
여러 인간적인 결함이 있고 실수를 범하기도 한다. 하
지만 교회는 여전히 그분의 신부이다. 그러니 우리도
교회를 사랑으로 받아들이고 소중히 여겨야 한다.

만약 여러분이 기혼자라면, 과거의 혼인 서약을
기억하기 바란다. 이를 통해 우리가 그리스도의 신부
인 교회에 대해서도 그 서약을 이어 가야 한다는 것을
되새겨야 한다. 때로 그 서약을 지키는 데 실패하더라
도, 우리는 늘 그 서약으로 돌아와야 할 것이다.

이 책 전체에 걸쳐, 나는 여러분이 교회 생활에 온
전히 헌신해야 할 다섯 가지의 구체적인 영역에 집중

해 왔다. 우리는 그 영역들을 '핵심 헌신의 항목들'로
지칭한다.

1. *나는 교회를 위한 '기도'에 헌신한다.* 그저 형식적
   인 기도에 머물지 않고, 교회를 위한 급진적인 기
   도에 헌신한다. 나는 복음이 우리 교회를 뒤흔들어
   놓기를 구하며, 매주 담임 목회자와 그분의 설교를
   위해 기도한다. 나는 우리 교회가 이 세상을 변화
   시키는 공동체가 되기를 기도한다.

2. *나는 '교회 출석'에 헌신한다.* 이는 내가 매주 예배
   에 빠짐없이 참석하는 데 힘쓸 것임을 의미한다.
   교회 출석은 그저 내 바쁜 일정에 속한 활동 중 하
   나에 머물지 않을 것이다. 나는 매주 성실하게 예
   배하는 일을 최우선 과제로 삼으려 한다.

3. *나는 '교회의 소모임'에 헌신한다.* 진정한 공동체
   는 소모임 안에서 이루어진다. 이곳에서 서로를 건
   강한 방식으로 책임 있게 돌보는 관계가 비로소 드
   러나기 때문이다. 나는 소모임의 지체들을 돌아보
   고 섬기며, 다른 이들을 우리 공동체로 초대할 것
   이다.

4. *나는 '교회를 위한 나눔'에 헌신한다.* 이는 내가 교

회의 일들에 단순하고 풍성하게 드리고 나눔을 의미한다. 나는 기쁜 마음으로 흔쾌히 이 헌신을 감당하며, 그 일에 아무 조건도 붙이지 않는다. 나는 이같이 행할 때 하나님이 내 필요를 공급해 주실 것을 온전히 신뢰한다.

5. *나는 교회를 통한 '복음 증거'에 헌신한다.* 하나님은 그분의 아들 예수 그리스도를 통해 내게 구원을 선물로 주셨다. 다른 이들에게 예수님의 이야기를 전하는 것은 지극히 영광스러운 일이다. 나는 주위 사람들을 교회로 초대하며, 그들에게 주님의 복된 소식을 나눌 기회를 주시도록 기도할 것이다.

지금 우리 앞에는 하나님이 주신 삶의 목적을 성취할 놀라운 기회가 주어져 있다. 이는 곧 지역 교회에서 그분을 섬기면서 영광을 돌리는 것이다. 이 교회를 향한 헌신은 우리 삶의 참된 시작점이 된다. 우리는 그 단순한 헌신의 행위들이 이 세상을 변화시킬 수 있음을 알며, 그 일들은 우리 삶에 분명한 의미와 목적을 가져다줄 수 있다.

이것이 바로 우리의 중대한 헌신이다. 그 헌신들의 내용을 찬찬히 읽어 보라. 다시 한번 읽어 보라. 그 일들에 헌신하라. 그런 다음에 하나님이 여러분의 삶을 통해 이루시는 일들을 지켜보기 바란다.

* 우리 교회를 깨우는 세 가지 나눔

1. 이 책 전체에 걸쳐 제시된 다섯 가지 헌신의 항목들은 무엇인가?

2. 우리는 헌신을 다짐하는 일에서 실제로 그 헌신을 살아 내는 일로 어떻게 나아갈 수 있겠는가?

3. 교회에 매주 성실히 출석하는 일이 중요한 이유는 무엇인가?

1. Ying Chen and Tyler J. VanderWeele, "Associations of Religious Upbringing with Subsequent Health and Well-Being from Adolescence to Young Adulthood: An Outcome-Wide Analysis," *American Journal of Epidemiology* 187, no. 11 (November 2018): 2355-2364, https://doi.org/10.1093/aje/kwy142. 이 연구에서는 청소년기의 종교 활동이 청년기의 여러 건강 문제와 행복도에 미치는 영향을 살폈으며, 특히 매주 예배 참석 등의 실천에 초점을 맞추었다. 이에 따르면, 청소년기에 주 1회 이상 예배에 참석했던 사람들은 20대에 더 높은 삶의 만족도와 긍정적인 자세를 보였다. 또 이들은 종교 활동이 적거나 없었던 이들에 비해 우울 증상이나 흡연, 불법 약물 사용 또는 성병 감염의 가능성이 낮았다.

2. Ying Chen, quoted in "Religious Upbringing Linked to Better Health and Well-Being During Early Adulthood," Harvard T. H. Chan School of Public Health press release, September 13, 2008, https://hsph.harvard.edu/news/religious-upbringing-adult-health.

3. J. Maureen Henderson, "Working on the Weekend Is the New Normal and That's a Bad Thing," *Forbes*, April 28, 2017, https://www.forbes.com/sites/jmaureenhenderson/2017/04/28/working-on-the-weekend-is-the-new-normal-

and-thats-a-bad-thing.

4. Elaine Pofeldt, "Survey: Nearly 30% of Americans Are Self-Employed," *Forbes*, May 30, 2020, https://www.forbes.com/sites/elainepofeldt/2020/05/30/survey-nearly-30-of-americans-are-self-employed.

5. US Religion Census, "US Religion Census Shows Both Stability and Change in Congregational Life," Press Release 2020, https://www.usreligioncensus.org/node/1641.

6. Randy Loubier, "I Hated Church People. But I Knew I Needed Them.," *Christianity Today*, March 2024, https://www.christianitytoday.com/2024/02/randy-loubier-testimony-hated-church-people-funerals.

7. Loubier, "I Hated Church People."

8. Loubier, "I Hated Church People."

9. Loubier, "I Hated Church People."